弃儿
CASTAWAY KID

［美］罗布·米切尔（r. b. mitchell） 著

王汉川 译

甘肃人民美术出版社

图书在版编目（CIP）数据

弃儿 ／（美）罗布·米切尔 著；王汉川 译. 一兰州：
甘肃人民美术出版社，2016.7
ISBN 978-7-5527-0441-9

Ⅰ．①弃… Ⅱ．①罗… ②王… Ⅲ．①长篇小说－美
国-现代 Ⅳ．①I712.45

中国版本图书馆CIP数据核字（2016）第151428号

Originally published in the U.S.A. under the title "Castaway Kid"
Copyright © 2007 by r. b. mitchell
A Focus on the Family book published by Tyndale

弃儿

[美] 罗布·米切尔（r. b. mitchell）著
王汉川　译

责任编辑：朱　珠
编　　辑：马吉庆
封面设计：高　蕾

出版发行：甘肃人民美术出版社
地　　址：兰州市城关区读者大道568号
邮　　编：730030
电　　话：0931-8773224（编辑部）
　　　　　0931-8773269（发行部）
E - mail：gsart@126.com
网　　址：http://www.gansuart.com

印　　刷：环球东方（北京）印务有限公司
开　　本：880毫米×1230毫米 1/32
印　　张：10.5
字　　数：192千
版　　次：2016年10月第1版
印　　次：2016年10月第1次印刷
印　　数：1~23,000
书　　号：ISBN 978-7-5527-0441-9
定　　价：35.00元

对本书的赞誉

哇。我刚读完第一页，就情不自禁地潸然泪下，再也无法放下它。我有一个刚满四岁的小男孩，无法想象，除非万不得已，我怎么舍得离开他。我只想把我的小宝贝从床上一把抱出来，紧紧地搂着他。这个故事使我完全谦卑下来。我希望它会改变千百万人的生命，它已经改变了我。

——布赖恩·利特瑞尔，录音艺术家

后街男孩乐团成员

《弃儿》是一个救赎我们生命的美妙故事。这是一部杰作。我读这本书时泪流满面，这是一本必读的好书。

——戴夫·拉姆齐

《纽约时报》畅销书作者

在你坐下来阅读这部作品之前，我建议你先准备好一盒纸巾。这个引人入胜的故事从第一页开始就抓住你的注意力，并帮助你明白真正的孤独和被遗弃到底是一种什么样的感觉。

——老本杰明·S·卡森

约翰斯·霍普金斯医疗机构医学博士

　　这是当代文学中一部引人注目的作品，它能迅速进入读者的头脑，然后沁入他们的心灵。这本书是从一个小男孩与自己被遗弃的童年的较量开始的，但是读者能够从中看到自己：如何与孤独、恐惧、拒绝、愤怒和痛苦搏斗，以及如何宽恕他人和自己等普世性问题。

——多蒂·胡斯

北卡罗来纳州高点市卫斯理学院英语教育家

仅以本书

献给那些伤害过自己

或者被别人的虐待和冷漠伤害过的孤独者，

也献给那些

致力于传播希望并且不住祈祷的人。

伊利诺州普林斯顿市瑞典人管理的盟约儿童之家当时的模样。主楼包括宿舍、办公室、饭厅和客厅。

上图：乔伊斯·米切尔，作者的母亲，与两岁大的罗比。作者的父亲罗伯特在右手边。照片摄于1957年4月，罗伯特自杀未遂的6个月前。

右图：外祖母吉姬和两岁大的罗比。

儿童之家的餐厅。罗比坐在右边显眼的地方。

诺拉，小男孩宿舍的管理员，比罗比晚一年来。

小男孩宿舍的12个孩子一起吃点心。作者当时4岁，坐在左手边。

上图：祖母宝莲，
摄于 1955 年。

下图：乔伊斯·米
切尔，作者的母亲，
摄于 1967 年。那时
她刚刚离开州立精
神病院，在一家过
渡教习所里生活。

上图：作者于1977年高高兴兴地从吉尔福大学毕业。

下图：1975年的苏珊·戴维斯。罗布这样写道："那里站着一位我有生以来所见过的最美丽的女子。"

左图：罗布1978年还留着在当时来说还是很有争议的胡子。这个阶段他在和苏珊约会，他们的关系当时还是时好时坏。

下图：那年夏天作者去了大峡谷，这是他环美狩猎旅行的亮点。他的环美旅行让苏珊不太高兴，因为她没有被重视。

苏珊和罗布在1980年3月9日结婚，苏珊的父亲乔（中间）为他们主持了婚礼。作者终于实现了梦想，有了一个真正的家。

接下来就要看看孩子们的照片了。这是1988年的照片。艾丽西亚当时两岁半，路加当时一岁。他们觉得爬在爸爸身上是沟通的好方法。

2002 年的米切尔一家。从左到右分别是：路加、罗布、艾丽西亚和苏珊。

目录

致 谢

感谢上帝，如果我倾听他的话，他就会把我引领到超过我想象的境界。

感谢苏珊，我的妻子和伴侣：我爱你那外在的美，但是更珍视你的聪明才智、善解人意、富有关爱精神的内在之美，这一切都为我在与你结伴同行的人生旅程中增强了力量。

艾丽西娅和路加：我的女儿和儿子，做你们的父亲一直是我生活的一大乐趣。

保罗：曾经只是一名过客，现在是我的兄弟。

我在罗克福德的亲属：亚瑟、保罗、玛吉和那些"姑娘们"。

已故的乔和玛丽·戴维斯：苏珊的父母，我亲爱的岳父和岳母。

此外，我还要感谢——

本书中那些没有提及但是曾尽力帮助过我的普林斯顿的朋友们：卡罗尔、科琳、乔治、海伦、约翰、拉尔夫和蒂姆，以及斯万逊和马尔默两家的朋友们。

大学的那些朋友：埃德、芭比、大卫、道格、格里、吉米、

1

约翰、凯特和"新花园青年团契"。

传教士露丝和布拉德·希尔，扬和鲍勃·索恩布鲁。问候你们！

我的属灵导师：巴里、杰伊、皮特和斯蒂夫。

基督徒商人联合会（CBMC）的朋友们，特别是帕特·奥尼尔。

"福来鸡"连锁店的联合创始人凯西及其家人，该店的"拯救危机儿童"机构和反对同性恋的"胜形"机构。

为拯救危机儿童不懈努力并邀请我前往帮助的"同济会基瓦尼俱乐部"的成员。

马萨诸塞州"红笔笔会"的伙伴。

多蒂·胡斯女士及其卫斯理学院2004优胜班的学生们。

"美国门徒训练网络事工"的菲尔·唐纳和我们的伙伴肯·沃克，感谢他们的热情鼓励。

保持这个项目正常运作的隆达、露丝和费雯丽。

我在"爱家"机构的向导南希和约翰。

还有我的写作指导，后来成为我的朋友的芭芭拉·温斯洛·洛宾度。

中文版序言

感谢您抽时间阅读这个真实可信的关于希望的故事。

您作为一位中文读者，与我生活在东西两个不同的半球，相距万里，但是我发现，不管我们的语言和文化有何不同，读者首要关注的都是我童年遇到的问题，而不拘泥于细节。

那时我觉得自己被遗弃、被出卖、没人关爱，我不知道自己的归属，甚至不明白自己为什么出生，对自己的生身父母心怀怨恨，抱怨上帝。

1994年以前，我没有想过把自己的经历写出来，但是我从上帝得到清楚的异象，我应当讲述这个故事。后来，我逐渐在不同的小组讲述我的经历。一些成年男女和青少年听了以后，走到我身边，呜咽着对我表达他们的感受，使我感到惊讶。他们从未想到其他人会理解自己所经历的事情，但是从我的故事中得到了启迪。

之后，我开始写作，用了12年终于写完了这个故事，并开始寻找出版商。迄今为止，这部著作的英文、西班牙文、德文、葡萄牙文和丹麦文等版本相继问世，现在又出了中文版，对此我深感卑微，也深感荣幸。

　　我在此为你祈求，无论别人对你或者你对别人做过什么，愿你都能发现通往真正希望的道路。

　　　　　　　　　　　　　　　　　　　罗布·米切尔　敬上

这是一个真实的故事吗？

这是一部希望之书。即使最近有些人质疑这部回忆录的真实性，认为其中包含有疑问的"事实"，当然，很正常，人们会询问这是否是一个真实的故事。

90年代初，在一次为"盟约儿童之家"募捐的演讲时，我从那位负责人的口口了解到，我被遗弃后，法院从未决定由州政府社会福利部门担任我的监护人，于是我详细查阅了与我的孤儿生活有关的社工文件。我为自己记录的一些文件做了标签，那时我经常在想，如果你能把这些经历写成一本书，人们会认为你是编造出来的。

但是，所有那些事件都是真实发生过的。它们不仅是我记忆犹新的历历往事，而且也是其他当事人都能回想起来的，并且备有社工的笔记和录制下来的采访记录，更有我外祖母吉姬的日记。

为了尊重书中提到的那所孤儿院的其他孩子，除了征得其中一位的同意，使用了他的真名实姓，其他都没有命名。尽管有几位用的是昵称，书中人物的名字都不是编造的。

有人告诉我，说我有一种不同寻常的准确记忆力。当然，没有一个人对往事的追忆是完美无缺的，但是本书中的对话都与不同场景的特定性质吻合，而且尽可能接近生活用语的本色特征。我在书中提到的所有健在的成年人以及我能联系到的当事人，都证实了我的记忆中他们参与其中的那些事件正确无误。

　　是的，这个关于希望的故事是真实的。你可以在 www.amillionlittleproofs.com 这个网站中找到更多详细的信息。

"造就人的是品格，而不是境遇。"

——布克·华盛顿

（奴隶出身的著名教育家）

第一章 弃儿

暗淡而又模糊的影像构成了我早期的童年记忆。

但是有一个影像非常清晰而又强烈。

恐惧灼烧着那个影像，使它在我三岁的大脑中留下了永远的烙印。

我和母亲站在一座高大的建筑物前。人行道上的积雪向远处延伸。

"快点过来，罗比，"妈妈一边拉着我走上前门的台阶，一边催促。"他们在等着我们呢！"

不久，我们就住进一个陌生的卧室。我不知道为什么。深夜，当我醒来的时候，一阵阵阴森恐怖的声音和无边的阴影吓得我不住地呜咽，母亲对我发出嘘声，叫我保持安静。

一阵响亮的铃声唤醒了我们。明媚的阳光照耀着，令人恐惧的阴影已经消失不见了。昨晚那些陌生的声音变成了纷至沓来的脚步声和欢快的笑声。

在一个大房间里，我们和很多孩子一起用早餐，但是他们似乎并没有看到我们。晚饭后，母亲带我上楼。一位穿着深色长礼服的女士过来迎接我们，我不知道她叫什么名字。

一个男孩在一个角落里玩积木。那个女士指着另一边对我说："去那边玩玩吧？"

我一动也没动。

"罗比，照她说的去做！"母亲命令道。

我抱住妈妈的腿，犹豫不决。她毫不客气地掰开我的手，一把抓住我的胳膊，把我拉到游乐区。她"扑通"一声把我撂倒在地板上，让我背对着她，看着那个男孩。

我伸手拿过一块积木，但是那个孩子一把夺过去了。他把其他玩具都从我身边拨弄过去，我忍不住抱怨起来。

只有那位陌生的女士站在那里。

母亲已经走了。

"罗比，你妈妈必须到医院去，"那位女士告诉我。"她乘火车回芝加哥去了。等她好一些，会再来看你的。"

她的嘴还在一张一合地说话，但我已经听不到她在说什么了。我终于明白了母亲已经离开了我，呜咽了起来。

"不许哭，罗比，"那个女人命令道。"玩你的玩具去。"

"我要妈妈！"我尖叫起来。"我要爸爸！我想姥姥吉姬！我想回家！"我朝着门口跑去，尖叫声变成了号啕大哭。我试着打开门，但是转不动手柄。

"别喊了，罗比，不然的话，我就过去揍你！"那个女人警告说。

"我想回家！我想回家！"我一边哭喊，一边扑倒在地上，双脚使劲地踢来踢去。

那个大动肝火的女人终于忍耐不住了。她猛地把我从地上拉起来，气呼呼地使劲揍我的屁股，一巴掌接一巴掌，毫不客气。最后，我咬紧牙关，竭尽全力，把哭声憋在肚子里。

她终于停下来了，但我仍然哼哼唧唧，抽搭着鼻涕。

那天晚上，其他小朋友也都不理我。

清晨来临，我在潮湿的床上醒来。这个女人对着我责骂了一番。

吃完早餐，她把棕色的胶皮床单铺在床垫子上，又在上面盖了一块胶皮单子。整个上午，她都让我躺在两层胶皮床单之间。

胶皮单子很热。我的身子移动时，床单就会发出吱吱呀呀的响声。

"尿床的宝贝，尿床的宝贝，"几个男孩儿用单调的声音唱道。"新来的小鬼，是个尿床的宝贝，尿床的宝贝。"我很羞愧，但是心里太害怕了，嘴上什么也不敢多说。

棕色的胶皮床单发出的吱吱声，已经成了我的标记，我是一个即与众不同又顽皮的坏孩子。

母亲把我遗弃在那个地方，我在那里成为一个与众不同的弃儿。

~~~~~~~~~~~

在接下来的几个星期里，我没有听到来自母亲的任何消息。几个月过去了，仍然杳无音讯。但是我确实从姥姥吉姬听说了一些事。

不知道什么时候，也不知道通过什么途径，姥姥发现了我住的地方。我只知道，她一得到消息，就在每个星期六从芝加哥乘火车，到伊利诺伊州普林斯顿市的这个农牧小镇来看望我。

吉姬当时 60 多岁，离婚了，生活拮据。她孤身一人，住在一个狭小的公寓里，她曾是马歇尔·菲尔德市中心一家大商店的职员。我的母亲乔伊斯·米切尔是她唯一的孩子；我是吉姬唯一的外孙。

对吉姬来说，看望我并非易事。这意味着一大早，她就要离开自己位于芝加哥城北的公寓，从山脉大道出发，步行四个街区到达霍华德大街，然后搭乘红线高架列车到贝尔蒙特站，转乘紫色线到亚当斯和昆西站，下车后步行几个街区才能到联合车站。她在那里赶乘"加利福尼亚西风号"火车，行驶两个小时后于上午十点抵达普林斯顿。然后，她还要走五个街区，最终才能看到我们的"盟约儿童之家"。

吉姬终于见到了我，她就会跪在地上，等着我朝她跑去。不知道为什么，每当我投入她的怀抱，她都会留在原地，坐在自己的脚后跟上，把我揽在怀中，紧紧地拥抱着我，我从她身上闻到阵阵芳香。她看起来总是像一位温和的淑女——她中等身材，穿着合身而又令人喜欢的衣服，还戴着耳环和项链，穿着尼龙丝袜，脚蹬加了后掌的鞋子，帽檐下露出一头卷曲的黑色短发。

"自从上次我来过之后，你又学到了什么新东西？"她每次来，总会这样问我。我会绞尽脑汁，把所有能想到的事都告诉她，然后得意洋洋地拉扯着她，把她拉到户外玩耍场地，向她展示我学到的最新本领。

她会向别的小朋友问好，还能一一叫出他们的名字，我也感到非常自豪。像我们这样的孩子，有人还记得我们是谁，我们会感到特别亲切。

快到中午时，吉姬会领着我步行到附近的一个小饭馆去。她点了咖啡，但很少吃饭。她让我看一下菜单，然后对我说，"我为你点一个汉堡包，一杯你喜欢的牛奶，你看怎么样？饭后，我们还会有冰淇淋甜点。"对我来说，这些话听起来总是那么甜美。

可惜的是，时间过得太快了，下午两点钟一会儿就到了。吉姬不得不和我说再见，离开我去赶三点钟返城的火车。

"吉姬，带我一起走好吗？"每当这时，我总会乞求她。"求求你了，吉姬，请把我带走吧！"

这时，她会再次跪下，双眼含满泪水，重复她每次都会说的话："罗比，亲爱的孩子，你是我的宝贝外孙。对不起，我不能让你和我在一起。对不起，你的父母病得太厉害了，无法照顾你。把我的爱永远珍藏在你的心里吧——它会永远存在那里。"

我弄不明白她的意思。我只知道，每个星期六当她与我在一起的时候，爱的暖流似乎都会充满我的心。但是当她离开后，我就会感到极大的空虚和孤寂。

一次又一次，我悲伤地站在儿童之家的前门外面，目送她走开。我双臂交叉，双手塞进腋下，身子从左到右轻微地晃动。

你为什么不愿意把我带走呢？想着想着，我默默地哭了。吉姬啊，我会是一个很好的男孩。我向你保证。我不会吃得太多！求你了，请不要把我一个人留在这里。

最后，她消失在我那被泪水模糊了的视线中。

这时，唯一能留下来拥抱我的人，就只有我自己了……

问题讨论

1. 发生在三岁的罗比身上的事情，让他难以招架，这也不是他自己想要的生活。在你认识的人中，有什么样的事情或者环境强加在他们身上？

2. 除了被遗弃在孤儿院中，还有什么情况会让人感到极度孤独，不由得叹息说"没有谁能留下来拥抱我"？

第二章 小男孩

记不清过了几个月，我尿床的坏毛病停止了；但我清楚地记得，诺拉到来之前不久，那些胶皮单子就被撤走了。诺拉是我们学生宿舍的新管理员，那年她二十九岁，从未结过婚；她长着一双亮晶晶的眼睛，说起话来直截了当，脸上总是挂着笑容。

她平时穿着朴素的长裙，或者穿着宽松的上衣和自行车运动员式的脚蹬裤，带着猫眼睛似的眼镜；她没有戴饰品，始终把她那波浪形的黑色头发剪得很短。如果有人问诺拉为什么那样做，她总会笑着说："别浪费时间对我的头发大惊小怪！"我简直是爱上了她了！

诺拉很爱笑，也很愿意和人拥抱。我们顽皮的时候，她也揍我们的屁股，但总是有正当的理由，而且满怀善意。在一定程度上，她始终不变的温情填补了我内心的空虚。

这些事使我能集中精力去了解我的新环境。

这所盟约儿童之家坐落普林斯顿东北角一片呈三角形的地面上，占地20英亩。儿童之家的一边是玉米地和大豆田，另一边是一片宽广的牧场。

主楼由学生宿舍单元、工作人员办公室、餐厅和访客的休息室组成。楼上有一个用作洗衣房的小房间，楼下是锅炉房。远处有一座谷仓、一个鸡舍和一个菜园。

榆树街后面不远就是占地面积很大的游乐区。那里有几套高大的秋千架子、一个旋转木马、一个篮球场、一座滑梯和一个棒球场。我被那个巨大的、消防车红色的游乐设施弄得神魂颠倒，那些体操吊环、引体向上单杠，滑动杆和高大的梯子都使我着迷。但是我还没有足够的勇气爬到那么高的地方。

儿童之家的宿舍由四部分组成：小男孩单元、小女孩单元、大男孩单元和大女孩单元。那座较小的建筑物的二楼上住着大男孩；女孩们不分大小，都一起住在主楼的三楼，而小男孩们则占满了主楼的二楼。

八到十六个不到十岁的男生住在我们的小男孩单元。诺拉和我们住在一个单元里，她有一间带浴室的私人卧室，空间很小。

我们的浴室没有什么隐私可言。所有的设备都有两件，而且所有的东西都是白色的——白色厕所中有涂了白色油漆的木制小隔间，铺着白色瓷砖的地板，有白色的铸铁浴缸，还有距离地面不高的白色水槽，使孩子们很容易够得着。

我们有一间很大的起居室，里面铺着结实耐磨的地毯，有两个很长的结实沙发和几把坚固的椅子，还有几张供我们写作业、画画和做游戏的桌子。一台比我还高的棕色电视机装着一架兔子耳朵式的天线，可以接收几家电视台的节目，供我们观看。

在我们的四间卧室里，黑色的铸铁单人床安放在黑色的油毡地板上。其中一个房间里有三张床，还有一个房间有五张，另外两个房间各有四张。

每个房间里都有一个橡木橱子，木橱上有几个抽屉。每个孩子都根据身高分到一个属于自己的抽屉——他们称之为自己的领域。我的抽屉在底部，因为我在同屋的三个孩子中最矮。

我明白了，那个抽屉是专门用来储藏宝贝东西的。即使偷看一眼另一个男孩的抽屉，房间里别的男孩也会对你拳脚相加。我的抽屉里藏得最多的是从户外玩耍场地捡来的石子和羽毛。我每天至少都会查看一次，只是为了确保宝贝还在那里。有些孩子从来没有打开过他们的抽屉。

由于孩子们经常出出进进，也很少有时间去交朋友，所以掌握具体人数是一件困难的事情。有些孩子只来住一两天。其他人则在那里住几个月甚至更长的时间。孩子们到达这里的时候经常感到愤怒、困惑而且沮丧。

那个环境并没有让我们融入人群。我们和许多人住在一起，但是我们每个人都感到非常孤独。

　　那里的工作人员试图处理我们不同的背景和情绪问题。为了维持良好的秩序，我们必须严格执行各项规则，严格遵守日常生活的程序。

　　例如，每天一大早，在起床铃响起之前，谁也不许下床。我们可以坐起来，也可以交谈。我们可以把腿架在床的一侧，摆来摆去。但是，我们不能把一只脚放在地板上。在起床铃还没响起时，如果诺拉走过我们的任何一个房间，哪怕只看到一个脚趾头触到地面，我们都会遇到麻烦。

　　早晨七点整，起床铃准时叮当作响，整个单元所有的人迅速投入行动。我们从床上跳下来，迅速整理好一切，为的是让诺拉满意。然后我们跑进洗手间，由于共用一个厕所，所以尽管肠胃蠕动，憋得厉害，也要长时间耐心等待。

　　诺拉已经把我们一天要穿的衣服摆放在每个衣橱前面。我们两三个人用一个水槽刷牙洗脸，然后急忙跑出去穿衣服。那简直是一个疯狂的场景：八到十六个男生乱哄哄地跑进更衣室，争先恐后地在自己的衣橱前面穿戴整齐。

　　我们的衣橱没有门，只是把木板装到墙上，涂上油漆，那颜色很容易使我想起豌豆汤。那些衣橱很宽很深，我们甚至可以爬进去，藏在衣物后面。衣橱的底部离开地面，可以塞进去一两双鞋子。由于许多孩子出去的时候穿走了仅有的衣服，所以几乎没有留下什么挂在那里。

　　我们的大多数衣服都是当地的民众送来的，他们的孩子长大了，穿不着了；也有一些是服装商店或教会团体送来的礼物。我记得，"小男孩"品牌的衬衫都是格子绒布或者蛋白色的 T 恤衫。裤子很少有合适的，所以在绝大多数时间，我们都穿上吊带，把裤子提起来，免得裤腿拖到地上。诺拉也为我们每个人把太长的裤子卷起来。

我们终于穿好了衣服之后，就会像一支由乌合之众组成的小部队，互相推搡着，在诺拉身后排成一队，走下楼梯，到楼下的食堂吃早餐——餐厅总是在七点半准时供应早点。在儿童之家，吃饭是一项任务，而不是一项社交活动。我们中间的大多数孩子都会在五分钟之内把饭菜吃得一干二净。我从未弄清楚，为什么一张餐桌至少要坐满十个人。

早餐后，初中和高中的孩子们被送往普林斯顿的公立学校，他们乘坐的是一辆丑陋的黄色公交车，车身上有一排显得很不自然的大号字母，标示出这是"盟约儿童之家"的交通车。道格拉斯小学离我们只有两个街区远，所以一些员工步行送年幼的孩子们去上学，然后接他们回来。

作为盟约儿童之家长期以来接收的最小的一员，我通常是唯一一个不去上学的孩子。我喜欢让诺拉只属于我自己。就像一只金发小狗，我跟着她，在她周围欢蹦乱跳，我帮她把那些脏衣服分类，送到洗衣房里去。她会把几件衣服塞进一个枕头套，然后我会很自豪地连拖带拉，带到楼下，带出门，然后穿过篮球场，再爬上另外一套楼梯，送到洗衣房，那里有一些很大的洗衣机和烘干机。

为了使我避开棉绒覆盖着的地面，不惹麻烦，诺拉"扑通"一声把我抛到一张桌子上面，让我在那里观看洗衣人员清洗六十个孩子和职工的衣服和床单。当地有一家圣约教会，总会有一些教会的女志愿者前来帮忙；她们称自己为"守约"女性。我看着她们把一抱一抱干热的衣服和床单从烘干机里拉出来，放到带轮子的篮子里，再把它们推到一条条长桌子旁边，在上面把衣物折叠、归类。

宿舍管理员并不负责洗衣服，但是诺拉坚持熨烫我们周日的礼服衬衫。其他工作人员问诺拉，为什么没有让"洗衣女士"去做，她给了他们一个毫不含糊的回答："我不介意洗衣服。有些男孩子对浆粉过敏，有些却非常喜欢浆粉，所以我因人而异，尽量符合他们每个人的口味。这又不麻烦，我只是想，他们需要在自己的小生命中得到一些特殊的照顾。"

在洗衣女士们心情好的日子里，或者在大部分工作完成之后，我就等待机会，趁诺拉不注意，一头钻进一个盛着刚洗干净的温暖床单的篮子里。

"罗比，你在哪里？"她会故意大惊小怪地嬉笑着问道："你到底上哪儿去了？嗨，哎呀，那个小子到哪里去了？"她会张开双手，伸进堆积着的床单里，做出一幅搜索的样子，当我极力抑制住吃吃发笑的声音时，洗衣篮就会轻微地摇晃起来。

最后，她会抓住我的脚踝，使我脚冲上，头冲下，被倒着拉出来，那时，我就会像一头快乐的小猪，发出又长又尖的嚎叫声。"好小子，原来你在这里啊！"她会故作喜悦，发出咯咯的笑声。"真没想到，我还会找不到你！"

不过，等其他男孩从学校里回来，诺拉就不再仅仅是我的了。他们猛地打开门，涌到里面，扔掉书，坐下吃点心，有饼干，也有果汁。诺拉审查老师写给他们的评语和布置的家庭作业时，有些孩子在一边玩耍，有些则在做一些例行的杂事。通过老师的评语，诺拉得知一两个孩子在学校里和老师顶嘴，或者在学校的运动场上打架，便把他们责骂一顿。

下午五点钟，我们洗涮完毕，就列队到食堂去。像每次吃饭前所做的一样，大约六十个孩子和六个成年人站在黑色和红色相间的方形油毡上，一起做谢饭祷告："上帝多么伟大；上帝多么美善。让我们为他赐下的食物感谢他。阿门。"唱诗班的声音非常洪亮，但是声调平板，节奏单调。我们早就习以为常了。

喧闹声和混乱接踵而至。男孩子们用胳膊肘碰撞别的男孩，或者朝着女孩子们做鬼脸。我的橡木椅子很沉重，要把它从桌子边上移开，然后爬上去，我唯一能做的就是使劲地拖动它；椅子刮着地面，发出刺耳的声音。我最后被困在椅子上，我太小了，无法使我的座位靠近餐桌。每当我沮丧和尴尬之时，我就等待着诺拉走过来，把我的椅子推进去。

　　我迫不及待地盼着长大，使我有足够的力气自己去做这件事。或者，更好的盼头就是能像电影《大男孩》中的主人公一样，先把一条腿搭在椅子背上，然后像牛仔翻身上马那样"扑通"一声坐上去。

　　晚饭之后，继续按照例行程序行事。年龄较大的男孩子们回到他们自己的房间里去做功课，与此同时，诺拉安排我们这些年幼的孩子准备上床睡觉。如果是星期三或者星期六的晚上，我们要排队洗澡。我们经常牢骚满腹，因为我们想每周至少洗两次澡，而现在每周往往只洗一次。

　　然而，抱怨从来没有给我们带来过什么好处；诺拉有她的事情。她有一大群扭动着屁股的孩子，但是只有两个浴缸，所以她试图用一缸水先洗干净六个人，然后再换一缸水。这就意味着我们两个人要在一个浴缸中洗澡。第一对还能洗干净，第二对就会浸泡在少许污垢中，第三对则只觉得滑稽可笑了。

　　到了晚上七点钟，我们都穿好了睡衣，诺拉把我们聚集在起居室里，就像母鸡和小鸡在一起一样。这是讲解"圣经故事"的时间。

　　诺拉坐在角落里一张沉重的橡木沙发的中间，她邀请最小的男孩子们到她身边去的时候，就会伸出胳膊来搂住我。较大的男孩子们盘着双腿坐在地板上，或者伸直身子趴在地上。诺拉要求大家安静，集中精力，不要说话，也不能吊儿郎当地开小差。我对《圣经》知道得不多，但我知道这是一个特殊的时刻。

然后我们解散，各自去睡觉。诺拉总是跪在每一张床边祷告，那低微的声音只有床上的那个男孩才能听到；然后，她亲吻那个孩子的额头，向他道一声"晚安"，并让他知道她多么爱他。

有一次，我半夜醒来，蹑手蹑脚地下到大厅里去用卫生间，我看到诺拉那间小卧室的门开着。我隐约听到她说出男孩子们的名字，为他们祈祷。当我悄悄地返回大厅时，她突然喊了一声，"罗比，冲马桶！"

她竟然能辨认出我们每个人走路的方式，但是我始终没有弄明白她是如何做到的。

我第二次从她的门口经过时，我停了下来，敲了下门。

诺拉穿着她那身朴素的、粉红色的法兰绒睡袍来到门口。"请进。"她说。

"你在祈祷什么？"我问道。 "为我们的行为举止祈祷吗？"

"不是，罗比，"她平实地回答说，"我祈求上帝帮助我，在你们每个人身上找到一些值得爱的东西。"

我不知道对她的话该说些什么。

我还没有想出该怎么回答，她已经把我拉过去，紧紧地抱着我。把我送回到床上去之后，她充满兴致地低声说："快睡吧，尽管你可能需要一些额外的祷告去端正你的行为举止！"

冬天又来了，吉姬继续她每周一次的访问。诺拉对我充满同情心的关注从来没有停止过。

但孤独依然伴随着我。

我对所谓"正常"的孩子知之甚少，但是我渴望离开这个儿童之家，拥有一个属于我自己的家，和家人生活在一起。

盼了一年又一年，我仍然没有从母亲那里听到任何消息；那时，她的存在对我来说只不过是个模糊的回忆。

但是，事情突然间就发生了变化。那个曾与几个陌生人一起离开了我的女人回来了，还带来了意想不到的混乱。

问题讨论

1. 本章描写了美国二十世纪五十年代和六十年代的孤儿院生活。其中哪些地方是你不了解的？

2. 普林斯顿的教会提供了哪些帮助？你认为教会应该为孤儿提供哪些帮助？

3. 你如何看待诺拉？你认为她对男孩子们可能会产生哪些影响？

第三章　龙卷风

1959 年，母亲抛弃我将近两年了。那年我才五岁。

有一天，事先没有任何说明，诺拉把我带到楼下的会客室。

母亲正站在那里。

我跑到她身边，伸开双臂，搂着她的腿。我心里想，我要回家了。妈妈已经离开了医院，要到这里来接我回家。我要回家了！

"罗比，你好吗？"她问候我的时候没有太多的感情。"你最近还好吗？"

我不知道该怎么回答这个问题。

她没有像吉姬那样跪下来拥抱我，于是我抓住了她的手。"妈咪，咱们到外面去，你带我到操场去玩；吉姬每次来都带我去。我学到了很多打秋千和玩单杠的技巧，我全都做给你看好吗？"

"罗比，这并不重要！"她冷淡地说。"我们要谈论更重要的事情！"

我顿时感觉到自己就像一只刚刚被踢了一脚的小狗，我放开了她的手，抱着头，闭上了嘴。

妈妈对我说："我们要到城里去吃午饭。"她抓起我的手，领着我朝门口走去。我走不了那么快，为了使我跟上趟，她猛地拽着我往前走。

我们离开儿童之家，走过几个街区，去找一家餐馆。她一路上继续漫无边际地谈论一些我不明白的事情，说道："这里有太多的外国移民。应该把黑人送回到南方去。要让你的巫婆奶奶宝莲在亚特兰大收拾他们。她把你父亲的事情搞得乱七八糟，毁掉了我的生活。她从来没有给过自己的儿子自由，你父亲也没有足够的勇气抵抗她。"

直到她找到了一家供应啤酒的餐馆，我们才停下来。顾客们在里面抽烟、打台球。

我们回来时，身上冒着烟草的臭气，那个管理儿童之家的瑞典基督徒很不高兴。诺拉尽量使她的声音保持平静，但是明显局促不安。那个管家咬了咬牙，慢腾腾地说道："米切尔夫人，对一个小孩子来说，那家餐馆很不合适。应当选择那家靠近校园的餐馆。那里有很好的家庭氛围。如果不理想，你也可以留在学校里，和我们一起在食堂用餐。"

"我是他的母亲，我知道什么对他最合适"，她毫不客气地回击道。然后，她扔出一个明细单子，要管家去做。她说："给他一个专门的枕头。不要毛毯。我已经把他经常吃的食物都写在这张纸上了，就让他吃这些。"

诺拉摇摇头，然后点了点头，默默地接受了她所说的一切。

"他开始上幼儿园以后，要安排一辆出租车接送他上下学。不要有体育活动。"她把手伸进口袋，又掏出一张纸来，接着说："这里有一些经文，我下次回来时，希望他能背下来！"

我们什么时候回家？我心里想着。别再跟诺拉说话了，我们快走吧。我们可以乘吉姬通常坐的火车回去。

但是，没有任何预兆，母亲突然转过身来对我宣布说："我该走了！"

她没有和我拥抱，也没有亲吻，一转身就离开了，然后迅速地朝下走到前面的人行道，大步流星地走过那片建筑，朝着火车站走去。

你就这样再一次撇下我，自己一个人走了吗？

这一次，我没有说一句话，也没有掉一滴眼泪。

我抬起头来，目瞪口呆地看着诺拉。她温柔地伸出手来，拉着我的手，我们默默地走回到儿童之家。

一连几天我没有说话，也没有玩耍。我漫步到室外游乐场最远的地方，我盯着远处的空间，心里真想知道：还要多久，我的母亲才能不用这种方式对待我呢？

其他孩子都没有打扰我。像我们这样的孩子似乎都明白，有时有人需要单独在一个地方待一会儿。

这还不是妈妈最后一次令人惊奇地出现在我面前。在接下来的几年里，她一次又一次地重复了这样的场景。

对于我来说，她那些飘忽不定的探访都是一些龙卷风式的大事件。由于她没有提前打电话让任何人知道她要来，有时诺拉要花些时间才能和我一起赶到会客室里来。当我们进去时，母亲会尖叫着谴责诺拉，指责她和儿童之家的其他工作人员把她的儿子藏起来，不让他见妈妈。

母亲每次这样咆哮的时候，我的心都会因为她不理我而变得冰凉。然后她会拖着我到那家有台球厅的餐馆吃同样的午饭，对我进行同样的关于日常生活的训诫。

每一次，她都会独自离去，把我一个人留下来。

我不断地告诉自己：或许这一次会有所不同。或许她不会生诺拉的气，不会对她吼叫。也许她就会有一份很好的工作，可以把我带走，和她一起回家。或许我们又可以成为一家人。

她的每次来访都会使我失望。我要花几天的工夫来应付我心中的疼痛。

后来，儿童之家的一位社会工作员工花费更多的时间陪伴我。他试图劝导我，让我把自己的想法和感受告诉他或者诺拉。所有我能说的就是一句话："我真伤心，伤透了。"

不久，我不再称呼我的母亲"妈咪"。

这么做不容易。我希望这位女人会爱我。但是我心中的"妈咪"是另外一种女性——她在晚上把你按在被窝里，她保证你的安全，而且会很好地照顾你。妈妈是一个让你感到自豪的人。

对我来说，我的母亲却从来没有成为这样一位"妈咪"。

"她为什么不像别的母亲那样呢？"我有时问诺拉，"为什么她那样大喊大叫，还咒骂你？那样做太不好了！"

诺拉很少回答，但我还是不断地问她。

"为什么她身上那么难闻？我一定要跟她出去吃午饭吗？她抽香烟，喝咖啡，反复地说着我听不懂的话。"

诺拉一边听，一边点点头，让我把所有的话都说出来。

"诺拉，她不像你或者吉姬那样看着我玩耍。难道她不喜欢我吗？"

诺拉估计我发泄够了，就会轻柔地说："罗比，她病了。你必须住在这里，但是你没有错。这也不是你的问题。"

"她有什么病？为什么医生不能让她好起来？她到底怎么了？"

诺拉也从来没有回答过这个问题。

但是有时候她跪在地上，把我拉进她的怀里，紧紧地抱住我，说："罗比，你在这里很安全，"她在我耳边轻声说道，"请记住，我爱你，上帝也爱你。"

我靠着她的肩膀，把头埋在她的怀里，我依偎在她安全的双臂中间，真想知道：上帝为什么不让我的妈妈更像诺拉呢？

问题讨论

1. 为什么罗比不再称呼乔伊斯"妈咪",而是改口为"母亲"?

2. 你对此的感受如何?

第四章　不同

我开始上幼儿园了，平日每天上午，我都要离开诺拉的安乐窝几个小时。我神气活现地走过两个街区到道格拉斯小学去，这可是一件大事，让我觉得自己真是长大了。

班里的其他孩子都很友善，也像我一样天真无邪。吉姬每次前来探访，我都有很多有趣的事情向她报告，还要让她看一些作业。她看起来很兴奋，就像我在学习新东西的时候一样。到了晚上，诺拉给我一份"假装的家庭作业"，这样我就能感觉到像儿童之家的其他孩子们一样。

但是后来我上了一年级，我天真的梦想破灭了。

那时我还没有意识到，儿童之家的背景使我与众不同。但是有一次，我看到高年级一些委琐的男生围住另一个从儿童之家来的孩子，对他横加辱骂，我终于了解了实情。

那个男孩哭了。

那些委琐的男生却发出阵阵讥笑声。

我瞪大了眼睛。

小学校园里那些欺小凌弱的恶棍们似乎知道该怎样挑衅，

该从哪里下手，从而把我们来自儿童之家的孩子弄哭，或者打我们一个趔趄。我们很容易就会成为进攻的目标。

最终轮到我了。他们挑衅我的敏感话题就是："罗比，你到底是怎么回事？为什么你没有父母？"

"我确实也有父母，"我抗议道。"只是他们现在不能来照顾我。但是我们很快就会团聚，一家人重新生活在一起。"

"哼，当然啦！瞧，你不是个傻瓜，就是个骗子。你的亲属只是不想要你了，知道吗？！"

第一次发生这样的事，我的泪水喷涌而出。恶棍们笑了起来。其他孩子们只好保持沉默。

当那天晚上我向诺拉诉说这件事，她对我说："罗比，不要让他们知道那些事使你烦恼。只要对他们说：'棍棒和石头可能会打断我的骨头，但是言语却伤害不了我。'这就足够了，然后从他们身边走开。"

听起来好像是一个很好的计划，但是我尝试几次之后就不灵验了。恶棍们的讥笑声只能使我感觉更糟糕。棍棒和石头会更容易应付一些。

每个星期，那些城里同学的嘲弄都会增加我的痛苦。但在随后而来的一天，就是我上二年级的时候，我实在受够了。

事情发生得很快，使我非常惊讶，就像那些恶棍们一样惊讶。一个男孩的嘲笑刚刚说出口来，我的拳头就飞出去了。把那个傻瓜打个半死，我的感觉好极了。

那时，打架对我来说并不是什么新鲜事。儿童之家那些大几岁的男孩已经好好地教过我，都是用痛苦换来的功课。我知道为了不留下证据，该往哪儿打才不会留下瘀青和碰伤，也知道如何出拳去打别人的肋骨和颅骨才能为他们留下持久的疼痛。

自那以后，我突然做出的猛烈反击和强硬态度成功地阻止了很多口头的攻击。然而，总有一些孩子以献媚得宠的方式到校长办公室去告我的状，惹我发火。当我到了那里，那位皱着眉头的校长就会问我，"好家伙，你又做错了什么？"

我到底惹了什么祸？校长先生，你有失公正吧？那不是我的错；是其他孩子先挑起来的！在此之前，我根本不知道我在任何事上有任何错！

那个家伙问我时，我真想打他一个灵魂出窍！我对此没有答案。我先退一步，用愠怒把自己保护起来，然后等待着随之而来的惩罚。如果他期待任何悔恨的迹象，他将永远都不会如愿以偿。

每个星期，儿童之家的一位社工都会花费时间与我交谈。他试图帮我摆脱在学校里孤立无援的感觉。但是无论他和诺拉如何反复地告诉我，说我还算可以，我总是不会相信。

我也弄不清楚，为什么坏事情总是发生在我身上。谁也不喜欢我，即使城里的孩子也不愿意和我玩。不论诺拉怎么说，我一定是坏透了！我希望有人能告诉我，我到底做错了什么事。为什么母亲把我送走？为什么我会如此孤独？

当然，我还是和六十个孩子住在一起—— 一大群孩子啊！但是在我的心里，我仍然感到孤独，孤独得要死……

我没有父亲教我"男生玩的东西"；没有大哥哥保护我，使我免于十几岁的青少年的攻击——他们用指节叩击我们这些小孩子的头部；我也没有母亲用吻来抚平我的伤口，或者在夜间把我放到床上安睡。

那肯定是我的错，我过去肯定做错了什么事。我一定是很难以与人相处。我陷入的麻烦证实了我的这些感受。在我们的儿童之家，我一定是个坏孩子。

实际上，我不是那里唯一有这种感受的孩子。通过观察别人，我慢慢开始意识到，我们所有的人都愿意相信我们的父母是世界上最好的。除非他们遭受严重虐待，我认识的那些孩子们都拒绝承认他们的父母乃是问题之所在。

如果问题的出现是因为我们的过错，解决起来还容易一些。如果我们有问题，我们会努力变好，努力改变自己。那样，我们的父母就会愿意带我们回家。

社工们逐渐设法让我们接受这样的观念：我们的父母乃是问题的症结之所在。但是，如果这是真的，那么他们可能需要很长一段时间才能改善，我们到那时才可以回家。如果我们的父母无法准备妥当，我们就永远无法离开那里。

这并不是说儿童之家里面糟糕至极，我们才恨它。与父母能够给我们的照顾相比，我们大多数人在那里都得到了更多的关爱。但是，即使在七岁这个年龄，我仍然可以看出：如果孩子们有人疼爱，他们宁愿选择贫困；如果他们有人照顾，宁愿衣衫褴褛；如果有人不稀罕他们，宁愿无家可归。如果我们能成为自己家庭的一部分，我们就愿意承受很多，很多……

儿童之家有几个孩子来自一个十一口之家，我从他们悟出了这一点。他们的父亲只有一份半日工作，住在市镇垃圾处理厂附近一个临时搭建的窝棚里。孩子们每天饿肚子，穿脏破的衣服，他们看上去就像从来没有洗过澡。大人们把他们的爸爸称作流浪汉。从物质生活的角度来看，他们在儿童之家的境况更好，但是至少在最初的几年里，他们都会为不住在自己家的窝棚里而充满怨恨。

我从儿童之家一个女孩的经历中悟出了这一点——她的母亲因癌症去世，此后她来到了儿童之家。她的父亲无法面对妻子的死亡，也无法安排他唯一的孩子。她失去的不只是母亲，也失去了本应帮助她度过悲伤的父亲。尽管遭到父亲的拒绝，她仍然希望回到他身边，也希望找回家所代表的一切。

我从儿童之家一个男孩的经历悟出了这一点——他的大脑运转得似乎没有大多数人那么快。他的父亲经常因他的"愚蠢"而殴打他，而他的母亲忽视他，只专注于其他"正常"的孩子。多年来，这个男孩一直想回家，不顾一切地盼望事情会有所不同，盼望他自己的家人会接纳他。

我们都愿意相信这一点。我们都愿意相信，我们很快就会实现自己的梦想——进入一个我们一直盼望和喜爱的家！

年长的孩子们似乎最终都放弃了这个梦想，都默默地接受了自己的命运。但是对于我们年纪小一些的孩子来说，接受起来就更加困难。我们"小男孩班"的每个人都相信，如果我们能以某种方式回到家里，孤独的阴影就会消失。

那个阴影再也不会让我放声大哭了，但是它仍然深深地困扰着我。当我躺在床上，关上灯，我经常让眼泪悄悄地流淌。

那些事发生以后，我劝慰自己说，无论如何，总有一天，以某种神秘的方式，事情会得以改善，我也会得到拯救。唯有这种希望才能使我避免被拖进令人绝望的黑暗深渊。

我怀着那美好的希望，我也盼着和吉姬重逢。她对我是一个祝福，但是儿童之家的其他许多孩子都没有这种祝福。我期待着她的探访，她每次的到来都能温暖了我的心。

在圣诞节，偶尔在感恩节，我被允许到吉姬的公寓去。有一次我去看望她，在那里遇见了几个从伊利诺伊州罗克福德市来的亲戚，弗兰是吉姬大哥的女儿。她和她的儿子保罗和亚瑟都很友善，还邀请我到他们家做客。

第一次见到他们时，我太高兴了，我感到自己的精神加倍地紧张。也许我可以跟他们住在一起！

我的脑海中一旦涌现出这样的想法，就脱口而出："我也许可以来和你住在一起，行吗？我在学校表现很好，我也知道该怎么做家务。如果你们让我去，我会是一个很好的帮手。"

吉姬吃了一惊，但是弗兰很温柔地说："罗比，我很抱歉。但是我快七十岁了，我太老了，不能照顾你。亚瑟是个单身汉，经常因公出差。保罗已经有四个女儿了。所以，尽管我们愿意尽力帮忙，但是我们没有办法带你到我们家里去一起生活。"

我能感受到她和她的家人都很喜欢我。但是我也感觉到，就在刚才，好像另一扇门已经"砰"的一声迎面关上了。

似乎没有人明白我被一个问题缠绕着：为什么？为什么没有任何家庭成员愿意接纳我、抚养我？

我努力保持自己的希望，不使它破灭。但是在我上二年级的那个冬天，我还是打了败仗。

那是 1962 年 2 月，我才七岁。

那天晚上，伊利诺伊州中部的农田荒凉而又贫瘠。田地已经被犁过，玉米秆和大豆作物都翻到地里去了。肮脏的积雪覆盖着死沉沉的枯草；树叶都掉光了，树枝在凛冽的苦风中沙沙作响。

诺拉已经把我们安置到床上了，留下我们独自在那里苦思冥想。浴室中的夜灯和太平门标志的红色光线投下怪异的阴影，摇摇晃晃地从卧室的墙上爬过。我在儿童之家住了四年，期间这样的怪异之夜为我带来了许多噩梦。

当我躺在床上，我终于不得不承认这些事实——

我的父亲是再也不会好起来了。

我的母亲永远不会像其他人的母亲。

我永远不能够和吉姬或者她的亲戚住在一起。

没有人会来拯救我。

现实把我的心轧得粉碎……

我藏在被窝里，我以为那是一个可以把自己保护起来的柔软之地，我抽抽搭搭地哭泣起来。别的男生丧失希望时，我听到过他们在极其苦闷时发出的哭喊，但是不知何故，我那时还能成功地设法避免陷入那样的绝望。

但今晚不同了。今晚轮到我大声哭喊了——我发出深深的叹息，什么话也说不出来。

"闭嘴！"与我同住一个寝室的男生们对我咆哮起来。他们已经在自己受伤的、充满恐惧的心灵四周筑起了防御工事，而我的情感的自然流露使他们受到了明显的威胁。

诺拉过来抱着我。但她不能待得太久。过一会儿，她就要去照看更幼小的孩子。

我一直在哭，眼泪都哭干了。我在剧烈的悲痛中感到筋疲力尽，几乎窒息，我辗转反侧，直到深夜。

没有人会来拯救我。永远也不会有人来救我。

我孤零零的一个人，我也不知道为什么。我犯了什么错？当她把我留在这里时，我还只有三岁。我可能还做过什么错事才使我当受这样的惩罚？

我不明白，我也不能逃脱。我会永远被困在这里——不管喜欢还是不喜欢，我就在这里了。

在那个寒冷的冬夜，我的心硬得像石头一样。

任何事和任何人都不能再严重地伤害我了。那些大家伙们会把我打得痛苦喊叫，但是再也不会有任何人能像这回一样使我从心中发出哭喊。谁也不能！无论如何，我都要变得强硬起来！

这不过是一个小男孩的誓言。

但是，栩栩如生的梦魇就潜伏在角落里，而那个誓言就是我必须保护自己免受其害的一切手段。

问题讨论

1. 作者讲到，在儿童之家他意识到：“如果孩子们有人疼爱，他们宁愿选择贫困；如果他们有人照顾，宁愿衣衫褴褛；如果有人不稀罕他们，宁愿无家可归。”孩子们都这样吗？为什么是或为什么不是？

2. 儿童之家中岁数小的孩子们认为，只要他们能够回到自己的家里，一切都会变好。要是你辅导他们，你会说什么？

3. 罗比为什么大声哭喊，发出深深的叹息，什么话也说不出来？对于陷入深深绝望中的人，你要怎样安慰他们？

第五章　绑架

1963 年 1 月 19 日，晚上 8 点 15 分。

根据社工的笔记，母亲不期而至，出现在儿童之家，要求见我。

她告诉诺拉，要带我和她一起离开。由于母亲有法定监护权，所以没有人能阻止她。

"米切尔太太，这是我们这里八岁孩子们睡觉的时间，而今晚外面很冷，容易出危险。"诺拉严厉地说，"罗比什么时候可以回来？我们盼着呢。"

母亲冷笑着，对着诺拉骂了一声，拖起我走了。

我既害怕又迷茫；我回头看着诺拉，希望她能帮我一把；但是母亲就像一头愤怒、颤抖着的母狼，对身上的锁链生拉硬拽。

当我们朝着城镇快步走去的时候，母亲像疯了一样。她比以往任何时候都更有激情地咆哮、咒骂，但又不时发出傻笑，好像在玩她喜欢的游戏。

因为我不能像她那样快步走路，她便不时地猛拽着我。

我感到很冷，但又不敢抱怨。

像往常一样，她抱怨我的祖母和外祖母，抱怨儿童之家，抱怨《圣经》，还抱怨黑人和移民。但是随后她说了一些新鲜的东西。

"罗比，我要向他们证明。我要向他们证明一切。他们会看到我能成为一个好母亲。不久，我们的家庭又会在一起了。"

家？我终于可以回家了吗？我知道最好不要大声问这件事。就像一只受惊的小狗，我在观看，在等待。

那天夜里，我们没有返回儿童之家。相反，母亲带着我溜到低矮的普林斯顿火车站，我们睡在里面那张冰冷的长木椅子上。

第二天早上，我们乘坐早班车前往芝加哥。当我告诉她我没有多余的衣服时，她说，"罗比，别担心。我已经拥有照顾你所需的一切。"

到了芝加哥，我们直奔世界著名的帕尔默家园酒店。宽大的房间里悬挂着树枝型装饰吊灯，闪闪发光；从孤儿院的铸铁床飞跃到这里灯火通明的豪华卧室，看着那些衣着光鲜的宾馆侍者，一切都如梦如幻。这是一个超乎我所有想象的更美丽的世界。

我们在一个房间里安置好之后，母亲从一个比一般皮夹更大的钱袋子里扯出一捆钱。"我终于得到欠我的钱了，"

她一边把那些钱塞进一个梳妆台的抽屉里，一边对我说。"我父亲和他妹妹开车过铁路时被一列火车撞死了。我从他的寿险中获得了一万美元！你说是不是很棒？"

我不知道怎么回答这个问题。

"这个抽屉是你的，"她自豪地宣布说。"快过来看看我给你买了些什么。"

哇，漫画书！抽屉里塞满了各种漫画书。妈妈曾经多次告诉我，漫画书都是邪恶的；可是现在，当她看到我茫然的表情时，她却开心地笑了。在那个星期的晚些时候，她再次给我讲解漫画书是如何不好，然后，她又出去给我买了十几本。

几个星期以来，生活如梦幻成真。我们从客房服务部订购食品。我们在华美的百货商店里购物。我们观赏了一部又一部的电影。

然而，妈妈还是继续不断地咆哮。她语无伦次地说着奶奶宝莲的坏话，抱怨她从我们这里抢走了我们喜欢的生活方式。我不知道为什么，但是听起来似乎我们所有的麻烦都是由我的祖母和外祖母引起的。但是我敢肯定，吉姬不是我的问题的根源。

然后，母亲毫无预兆地把我们的东西扔在一个袋子里，一把拉起我，走出帕尔默家园酒店，离开了我的梦想世界。

我发现自己被拖进一个又小又肮脏的公寓里。它位于一座多层大楼里面的后一侧，那里的门厅都笼罩在阴影中，居民们都抑郁寡欢。

高架火车轨道从后着外面穿过，不远处就是布林莫尔车站。同一楼层后侧紧挨哥架铁道的公寓是最不理想的，因此也最便宜。当列车日日夜夜咔嚓咔嚓地呼啸而过，整个房间都在震动。

那些古建筑说不定什么时候就会垮塌，我睡得很不好。妈妈则喝醉了，睡得很熟。

那个公寓有一个小浴室和一间小客厅。一面墙的角落里有一个内置的微型厨房，配有冰箱、水槽和炉灶。母亲和我睡的那张床折叠后可以靠在另一面墙上。我们有一张桌子和一个沙发，但是没有电视和收音机。

母亲对吃饭的态度让我真希望自己能够回到儿童之家。早餐吃甜甜圈，有时午餐也能吃到，但是一开始吃甜甜圈的那种激动很快就消失了。她所准备的饭食，就是把包在铝箔纸里的冷冻食品拿出来加热，然后把烤焦的黑乎乎的食物扔到桌子上。

如果我哼哼唧唧地不愿意吃，她就会因为我对她的烹饪有意见而大发雷霆，并且坚称她的饭食无可挑剔。饥饿驱使我拿起叉子，努力想法子咀嚼和吞咽那些烧焦了的绿豆、极为干燥的土豆泥和不成个的脆肉卷，用不冷不热的自来水冲到肚子里面去。

每天中午，妈妈经常一睡就是几个小时，因为她通常一直都在喝酒。每每这个时候，晚饭时我就没有任何东西吃了。我记得我曾数次试图把她轻轻地推醒，但是她一动不动。唉，生活多么黑暗、嘈杂、无理性，而且孤独。我的娱乐无非就是那么一些漫画书，虚构的游戏，再就是看着蜘蛛和蟑螂在墙壁和地板上爬行。

母亲熟睡时我并没有多少乐趣；但是当她醒来后我会感到更无趣。她把大部分时间都用来教训我。我所能听到的就是她的声音，而不是她说的话。她的谈论会突然变得充满仇恨和卑劣，掺杂着诅咒，伴随着锅碗瓢盆在房间里飞舞。我很惊讶，她扔出去的东西竟然都没有碎裂。

此时此刻，在她的仇恨明细表上名列前茅的就是伊利诺伊州。她认为，州政府没有给她足够的援助和福利待遇。一天晚上，对这个问题激昂地谈论了一番之后，我问起一个关于钱的问题，也问及我的父亲。

"爸爸什么时候才能康复，可以工作，能够照顾我们？"

为什么我的父亲"病得太重而不能抚养我"？迄今为止，谁也没有真正解释清楚。人们说过最多的就是，他已经"损伤了自己的大脑"，而且住在一家医院里，如果我去看他，那里也不算太远。

一开始，我的问题似乎使我的母亲受到了惊吓；她软了下来，变得像泄了气的皮球。但是里面的某种东西似乎又充满了她，她脸上的悲伤变成了愤怒。

她因为狂怒而浑身颤抖，终于发作了。"你父亲是个窝囊废，是个一事无成的人！他离开了我们，试图自杀，想开枪打爆自己的脑袋。他在最后一刻肯定改变了主意，因为他甚至没有做对。结果他的大脑受了损伤，而且永远也不会好转了。"

慢慢地，随着她的继续讲述，那透露出来的事情深深地印在我的脑海中。"罗比，这就是为什么他从来都没有给我们打过电话，也没有写过信。这就是为什么！他做不到。我们再成为一家人的唯一方法是上天堂。"

她又灌下一杯廉价的葡萄酒。我不知道她是否打算杀了我们，那样我们就都可以上天堂，而且能够在一起。

这就是发生在我父亲身上的事情。他对着自己的头部开枪企图自杀？而且他永远不会好转。似乎有一扇熟悉的、沉重的铁门"铛"的一声响起，再次把我有一个家的希望紧紧地关上了。

但是，在母亲"照顾"下的生活还在继续。我觉得自己被绑架了，即使她有合法的监护权，使她能免于犯罪的指控。对于她来说，绑架我似乎能代表她会玩权术的游戏。"我已经给他们看过了，"她在一个小巷子的桶里焚烧我在儿童之家穿过的那些衣物时，一巴掌打在我身上。"你是我的孩子，他们最好能记住这一点！"

我倒希望她能忘记我是她的孩子。我需要吉姬和诺拉。

我不知道她们为什么不能来救我。

后来我才知道，吉姬和儿童之家的工作人员曾一度陷入恐慌。他们根本不知道我们在哪儿，我是否安全，甚至也不知道我是否还活着。

我被绑架几个星期后，母亲在投币式公用电话亭和吉姬通话。我的外祖母一定是请求过要和我说话；母亲拿着电话，所以我可以说上几句。然后，她把听筒拉开，喊叫着说了一些关于"你们都等着瞧吧"之类的话，接着挂断了电话。

在近两个月的时间里，母亲不断折磨我那可怜的外祖母。如果是在一个特殊的晚上，吉姬八点钟回到她自己的家，母亲就会说，我可以给她打电话。有时我们会到投币式公用电话亭去，电话接通之后，如果母亲情绪恶劣，她就会忽略打电话一事。当我们真的打了电话，我和外祖母刚说一两分钟，她就会猛地一把从我手中抢走电话机，捻着响指，厉声说道："够了！再见。"当吉姬告诉我大家多么担心时，我无言以对。

一天晚上，提前了只有几个小时，母亲通知我，让我和吉姬一起吃晚饭。妈妈不会和我一起到奶奶的公寓去，也不会让我在那里过夜；她一定是害怕吉姬会把我带回儿童之家。

那简直就是一场盛宴：主菜是波士顿烧锅炖熟的肉，那是我最喜欢的饭食之一，还有很多丰盛的副食。那些饭菜足够四个人吃了，但是我的姥姥一点点都没有动。

即使我在狼吞虎咽满嘴食物时，我仍然能看出吉姬在关心着我。在一个短暂停顿的时候，我说："外祖母，你真的应该多吃一些这样的食物。这真是太棒了！"

她沮丧地发出一声长叹，说道："罗比，你吃吧，我现在不饿。"我心里明白，她只是想确保我能享受到足够的饭菜。

我并没有想到把这次访问当作逃离母亲的契机。我已经决定接受所面临的生活方式，无论那是多么龌龊。如果我透露出我们住在那里，我也不认为儿童之家的人会来找我。吉姬没有打电话寻求帮助；也许她惧怕我的母亲。

当然，那天晚上吉姬确实问了我很多问题，想知道我们住在哪里，日子过得怎么样。我唯一能告诉她的就是，我们破烂的公寓位于布林莫尔埃尔高架铁道车站靠湖的那一边，离电影院只有几个街区。

这些描述一定会给她足够的线索，使她可以把权威人士带到我们这里来。几天过后，一阵响亮的、坚持不懈的敲门声在我们的公寓门口响起。我不知道该怎么做；这是第一次有人敲门。

"我们是警察！"那个听起来好像来自巨人的声音咆哮着。"我们有逮捕证。快开门！"

我不断地摇晃着酩酊大醉的母亲，想把她唤醒。最后，她从沙发上起来，问谁在外面，然后打开门。那个为她戴上手铐的警察看起来很魁梧。

当我们走出那座可怕的建设物，我起先还以为那个警察也要逮捕我。我犯了什么罪？我很惊讶。他要把我带到哪里去？也许他会把我带回儿童之家，或者去见吉姬。

当那个警官把我从地上拉起来，放到那辆"囚车"后面的长椅上时，我感到很震惊。车内两侧都有一张长条座椅，后面是一扇用铁栅栏挡起来的窗户。不仅我们可以看到外面，而且在我们后面开车的司机们也能看到里面。我想高声喊叫："我不是罪犯！"但是那样做不会有任何好处。我再一次蒙受了羞辱，再一次感到无能为力。

当我和母亲来到警察分局，有人把我们分开了。我不知道母亲要去哪里，但是我琢磨着他们会把我送到吉姬的公寓，或者送回孤儿院。不过，一名警察告诉我，我会在奥迪之家度过那个晚上。

奥迪之家是一个等候区，位置靠近芝加哥闹市区，儿童们在那里等待决定他们命运的法院判决。对我来说，它看起来就像一所监狱。

一个帮我办理登记手续的人坐在一张桌子边上。他身后是一个很短的走廊，通向四个单人房间，其中两个房间里已经住了人，两个不断尖叫、发出咒骂的青少年被关在里面。他们诅咒世界和前台的那个人，对方则不时严厉地斥责他们。

那个接待员的工作就是把我随身带来的东西列一个清单。"你都带来了些什么？"他咆哮着说。

"鞋子、袜子、裤子、内衣、皮带、衬衫，还有夹克衫。"

他怒视着我，说道："小子，这是芝加哥的二月天。你就没带件外套吗？"

我把自己的夹克衫抱得更紧了一些，回答说："我穿着外套呢。"

"嗯，是哪件？你穿的是外套还是夹克衫外套？"

我真不知道。我看着他那铁青的面孔想寻找线索，但是我无法找到。"这是一件外套！"当我突然说出这句话的时候，我的下嘴唇在颤抖。

那个人明显以为我的腔调粗暴无礼，便从椅子上跳起来，咒骂了我几句。他一把拽过我的胳膊，拖着我朝那些单人房间走去。"我要让你看看，不尊重我的坏小子们会有什么样的下场！"他大声喊道。

他把我拉起来，把我的脸撞到一个单人房间的防护栏上。我看到了一个锈迹斑斑、污秽不堪的脏水池，一个被用作便池的水桶。与春季堆积在普林斯顿农场上的粪肥发出的臭味相比，这里的气味更加糟糕。

"你想在这里过夜吗？"那个男人咆哮着问道。

"不，先生！"

他把我拽回到前台，以命令的口吻问道："嗯，那是一个外套还是一件夹克衫？"

"我不知道，先生，"我发出一声尖叫。"我只是一个孩子。我不知道！"

"这是一件外套，傻瓜。"

他命令我脱去我的衣服，然后给了我一些看起来像囚服的衣物，要我穿上。接着，他叫我到楼上去，在一个小房间里过夜。

当我走到楼梯顶端的门口时，我发现门是锁着的。

我敲了敲门。没有应答。

我又敲了敲门。还是没有应答。

我使劲捶门，终于有一个孩子在门里面开始说脏话。

"你想干什么？"他高声喊道。

"我应当在这里过夜。"

"我不知道你是谁。"

"我要跟一个大人说话。"

"为什么我要放你进来呢？"

"把门打开！"我命令道。

"我不必为你开门，"他冷笑着说。"我也不想搭理你。"

"只要叫一个大人过来就行，使我可以到里面去，别叫我遇上麻烦。"

"我不在乎你是否会遇到麻烦。为什么我要在乎你？"

"打开门，或者给我找一个大人！"我极力控制着我的愤怒，说道。

"为什么我要让你进来呢？"

"因为这就是我应该住下来的地方！"

"好吧，也许我会让你进来，"他说。"哼哼，也许我不会。"

我在沮丧中抓住门把，使劲地旋转。门没有移动。我确定无疑，楼下那个卑劣的家伙随时都会上来，因我未能服从他的命令而把我扔进那个肮脏的小房间里去。

又僵持了几分钟后，门对面的那个孩子说，他要先看看我，然后才愿意让我进去。

"你从钥匙孔里往里看，使我可以看到你。"

我按他的话去做了。就在这时，他通过那个老式的锁眼吐出一口唾沫，正好吐在我的眼睛里。

原来如此！我喊叫起来，发出尖叫，对着门连续不断地连踢带打。我觉得当初在儿童之家被那些坏小子殴打时的愤怒终于可以发泄出来了。

我已经准备好在社会上当仁不让。下一个胆敢作弄我的人必将被我摔在地上，尤其是任何胆敢对着我的眼睛吐唾沫、给我造成痛苦的家伙。

一名男子终于开了门，我像一个塔斯马尼亚恶魔①似地盯着他看。他没有感到意外，也没带任何情绪，只是平静地命令道："跟我来。我会告诉你在哪里睡觉。"

他把我带到一间卧室，里面有八张结实耐磨的铁床，他叫我坐在其中的一张上面。"这是你的，" 他对我说，"我

---

① "塔斯马尼亚魔鬼"是袋獾在澳大利亚的俗称。它来自该国的塔斯马尼亚州，脾气暴躁又好打架，因此得名。——译注（本书中的页下注均为译者所作，此后不再说明）。

知道你很生气，但我不是到这里来给你消气的。我在这里管理楼层，维持秩序，不叫你们这些孩子互相伤害。再过不到半个小时，晚餐就准备好了。请待在这里，等着我来叫你。我强烈建议你冷静下来。"

他的平静语气帮助我在晚饭之前暂时缓解了怒气。过了一会儿，我坐在空荡的自助餐厅里，四面都是阴沉的墙壁。一台电视挂在高高的金属丝网后面，难以触及。

"为什么只有勺子呢？"我问一个一起就餐的人。

"别犯傻了，"他哼了一声说道。"刀叉可以用来作为武器！"

那天晚些时候，一名警卫告诉我要洗个淋浴。其中一个孩子低声说，"小心你的背后。"

淋浴毫无隐私可言。两个十几岁的男孩和我一起走进去。他们肯定看到了写在我脸上的愤怒，因为他们后退了几步，和我保持着一定的距离。

那天晚上，我担心有人会跳过来揍我，便在床上坐着，直到我确信其他每张床上的人都已熟睡。

然后我起来，走到那扇装有铁栅栏的窗户。我双臂交叉，抱在怀里，双手塞进腋窝，我紧紧地抱着自己，像往常无数次做过的那样，从左至右轻微地晃动着身子。我目不转睛地看着外面的高墙和上面的铁丝网，透过那些武装警卫的剪影，我凝视着天空，反复思考这一切都是为什么。为什么这样活着？为什么没有人来救我？有没有为像我这样的孩子们预备的地方，我又怎样才能到那里去？

我想，这就是一座监狱。我才八岁，但是已经在监狱里了。我到底做了什么事，使我被扔进这样一个鬼地方？我到底做错了什么？

一些大人曾告诉我，我只需要在这里过夜，然后会回到儿童之家。我希望问题会以那种方式解决。我想回到那里，至少那里的窗户上不会有铁栅栏，那里也没有围墙，没有警卫，我那疯狂的母亲也不在那里。

那天晚上，我想了很多关于母亲的事情。她待人接物十分可怕。她把自己的麻烦统统归咎于其他所有的人。

她从不关心我。她也会把自己的烦恼都怪罪到我身上，这只不过是迟早的事情。她就像儿童之家那些大点儿的孩子们，无缘无故就对较小的孩子们穷追猛打一样，把自己的问题都一股脑儿推给别人。

在那家青少年拘留中心一间警卫室的聚光灯下，我立下一个誓言：绝不会再让任何人把他或她的问题归咎于我。就算我的亲妈也不行。

最后，在仔细检查了我的敌人们都睡熟了之后，我悄悄地钻进被窝，渐渐进入梦乡。

第二天一早，吃过早饭，一名警卫告诉我，社工已经来了，要接我回去。我去了法庭，但是不相信来人就是约翰，直到我看到他的白衬衫和深色头发，才认出他来。返回儿童之家并不是真正意义上的回家，但是可以肯定，那总比过去几个月的日子好得多。

我见到约翰十分高兴，他因为看到我似乎更加快乐。他试图避免让自己表现得过于激动，但是他眼睛和声音中的柔情却把他的感受都告诉我了。

当我们走出那个地方，我不知道诺拉的上帝是否有同样的感受。在奥迪之家或者在老鼠洞似的公寓里，她的上帝留心过我吗？如果她的上帝真正关心我，为什么我的生活如此悲惨？

问题讨论

1. 要是你所爱的外甥或外甥女像罗比一样被绑架，你会如何帮助他或她理解为什么会发生类似事情？

2. 本章结束时，罗比对上帝有什么样的看法？

第六章 医生

当我离开母亲，回到阔别数月的儿童之家，我期待着那里的家伙们会因为看到我而非常兴奋。我想听到他们问："你到哪里去了？最近混得怎么样？你打算怎么办？"

但是事与愿违。相反，我听到的话令人沮丧："嗨，你到底还是回来了。"

在他们眼中，我的归来标志着失败。他们不知道我是否感到困惑，也不知道我在家里的问题是否得到解决。他们甚至漠不关心。不管出于什么原因，他们都以为我的家庭已经再次抛弃了我。

我不再搭理你们，我痛苦地想到。无论你想知道什么，我永远都不会告诉你。

诺拉很关心我。她已经失去了她那个小狗一般驯服的孩子。现在，她要对付一个一直使人战栗、充满饥渴、被击倒过无数次的野狗般机警的男孩。我整天闷闷不乐，基本不与任何人来往。

我还对被抛弃的儿童做出了一些结论。我注意到，儿童之家的男孩比女孩更多，因此我认为女孩子肯定更可爱，更容易抚养，而男孩子则更容易被抛弃。

诺拉不断尝试，但是未能把我拉回到日常生活的程序之中。我以呆板而又鲁莽的方式度日，除非其他一些孩子触怒我，使我的愤怒爆发出来。

几个星期之后，约翰为我请了一天假，把我带出了学校。

"罗比，你这几个月过得很不愉快，"他告诉我，"我们很担心你，所以我们要赶早晨的火车，带你到芝加哥去看一些专科医生，他们要证实你没有问题。我们要在那里待一整天。我不会一直和你在一起，但是我会待在那座楼里面，我们还会和你一起吃午饭。我保证。饭后，你会再次跟那些医生见面，我们会乘坐晚间的火车一起返回。"他真的没有食言。

那天晚上，我们乘坐加利福尼亚西风号火车返回普林斯顿。经过几个小时在一家医院里的测试以及与医生的交谈，我实在是坐累了。约翰懂得我的处境，所以他让我用半个小时去探究火车的知识，还款待了我一顿——从餐车中为我买了一瓶不含酒精的饮料。

然后，他和我在那节空荡荡的二层观光车厢中平静下来。我知道他想和我聊天。这些社工总是想"讨论"一些问题。

当火车咔嗒咔嗒地沿着铁轨行使，约翰问我这一天过得怎么样。我想我回答得越快，就能越迅速地结束他的询问。

"嗯，首先，他们在上午把我带进一个有桌子和玩具的房间。其中一个医生给了我一些小积木，叫我搭建一座房子和一个谷仓，再摆一辆汽车。然后，他给了我一支铅笔，要我画一个家庭和一座房子，然后用蜡笔涂上颜色。我说好啊，但是随后问了一句为什么。那个医生说，他打算测试我的认定技巧，逻辑成分和弯曲活动能力①。"说到这里，我耸了耸肩。

"你的意思是说认知技能、空间框架逻辑和运动反射能力吗？"约翰笑着问道。

"是啊！就是那些玩意儿！他们没有说画一个妈妈和爸爸，画一些孩子和一座房子。他们只是说要我画一个家庭和一座房子。真是不可思议！"

约翰点了点头，但是没有再说什么。

"然后，他们要我转过身去，与此同时，他们摆了一堆正面朝上的卡片。当医生说'开始'时，我转过头来，尽可能多地便那些卡片配对，直到他说'停止'我才住手。"

约翰点了点头。

"第一场比赛我得心应手，赢了！"

"罗比，你真行！"

"是的，但是接下来的几场比赛就更难了，我没有按照程序全部做完。"

"那不要紧，罗比。他们并不指望你完成所有的事。"

---

① 作者在此处表现罗比因幼稚而说得不准确、全面。

"当我们在吃午饭的时候，为什么他们在便笺本上写东西呢？"我问。

"他们要对你的餐桌礼仪做一些笔记，记下你如何用刀叉和勺子。他们要看看你在一个临时的环境中与大人在一起时如何反应。"

"为什么？"

约翰用一些生僻的词汇解释说，有时候，许多孩子在经历了我这样的孩童时期之后，特别是在我的母亲把我与所有的亲人隔绝了那么长时间之后，他们会陷入困境。他们对成年人可能会很生气，或者退步，并开始表现得像个婴儿，或者至少像一个年龄更小的孩子。

我在思想约翰刚刚告诉我的那些事情时，他在一边很安静地等待着。

"我不想倒退，"我大声说出了自己的决定。

他点了点头，微微一笑。

我很高兴他没有问我是否生气。如果他问了，他会得到一个令人吃惊的回答。

"我吃午餐的时候表现还好吗？"我问。

"你做得还不错，罗比，"他向我证实说。"现在，请跟我说说你下午和精神科医生在一起的情景。"

我真的不想说；我一整天所做的事就是谈话。难道他不会从医生们那里听到这些事吗？难道我们就不能只享受坐火车的乐趣吗？以往我们每月都要和社工开一次会，现在是每周一次了；根据多年的经验，我知道约翰会问追根究底，直到我回答为止。所以，我在我的座位上滑动了一下，并继续和他交谈。

"精神科医生是个不错的伙计，他比其他医生更高大。他开门见山地告诉我，如果我不诚实，他们就无法帮助我。他希望我想到什么就说什么，即使是伤害了我或者难听的事都要大声说出来。他告诉我，如果他们能理解我对事情如何感受，他们就会帮助我。"

"你告诉他什么了，罗比？"

"我告诉他我会试一试。"

约翰似乎很高兴，于是我继续说下去。

"医生要我告诉他关于我父亲的事，譬如说我还记得他什么，我知道他什么，我对他有什么感受等等。这是些难题。我根本就不记得他。我确实有他的一张照片。他留着深色的短发，戴着眼镜。他穿着一件白色衬衫，扎着深色的领带，一套漂亮的西装，脸上挂着大大的微笑。"

"当医生问你对自己的父亲有什么感受时，你都告诉了他什么？"约翰问。

"我不知道对我的父亲有什么感受，因为我不记得他，也不认识他。我告诉医生，我希望有一个真正的父亲，他愿意跟我玩，把我扛在他的肩膀上，和我一起打橄榄球。我希望有一个使我感到自豪的父亲，他能我给我安全感。也许，我会愿意到医院看望我的父亲，但也许不会。我想我明白了为什么他和我的母亲在一起过得那么腻歪，但是，唉……"

我犹豫了一下。

约翰等了很长时间，然后问道："罗比，但是什么？"

我的内心在挣扎。我从来没有大声对任何人说过这件事。

"求你了，罗比。你知道我很关心你。告诉我，但是什么？"

我终于轻轻地，几乎是耳语般地问了那个问题——我害怕听到对这个问题肯定的回答。"但是约翰，他怎么会离开我呢？他对我厌烦了吗？"

约翰摇了摇头。他向前倾了倾身子，聚精会神地看着我的眼睛深处。"这不是你的原因，罗比。他没有厌烦你，你也并没有做错任何事。在你这个年纪，这是一件很难理解的事，但是你一定要相信我。你父母的选择跟你没有关系。不幸的是，你已经因他们所做的事情而遭受痛苦。"

关于这件事，我以前已经从他那里听说过很多次了。但是我仍然找不到办法可以相信他说的话。

我们沉默地坐着，看着原野从车窗边闪过。我期待着约翰已经问完了问题，但是我应该了解他是个什么样的人。

"那么，医生还问了什么其他的问题，罗比？"

"他要我告诉他关于我母亲的事。我认为全世界都知道她的事。她疯了。"

"医生问过你对此的感受吗？"

"是的，问了。我告诉他，我曾问过吉姬，我的母亲是否爱我的父亲。吉姬说：她认为是，但是她不敢确定，乔伊斯除了她自己，是否真正爱过任何人。"

约翰又等了一会儿，然后问道："罗比，你对你母亲的感受就是那样的吗？"

"是啊。我不知道她爱谁，但她爱的不是我。而且，嗯，这样说听起来不好，但是在她变得好一些之前，我想解脱一下，暂时不愿意见到她。"

约翰点了点头，说："别担心，罗比。目前，你的母亲住在埃尔金州立精神病医院里，可能会在那里住相当长的一段时间。"他停顿了一下，接着说："在我们结束谈话之前，你还有任何事要和我谈吗？"

"你能告诉我他们对我做出了什么决定吗？我是说今天的那些医生。难道我也要疯了吗？"

约翰想了一会儿，然后说："你没有疯，罗比。你是一个正常的小男孩。但是，你一直在经历一段非常艰难的时期。再等几个星期，我们会得到他们的书面报告，那时我们还要谈论这件事呢。但是他们并不认为你比他们预期的更好。你在某种程度上已经能够通过对自己情绪的思考得出结论，这对你很有帮助。在你这个年龄，你已经能够做到这一点，这确实是相当惊人的。"

这时，一句铭刻在我心里的话在我的耳畔响起："他们希望，我们能尽快让你在一个正常的家庭里生活。"

当火车哐唧哐唧地沿着铁轨行使的时候，这句话在我的脑海中回荡：一个正常的家庭……

这些话听起来真好，不是一般的好。但是在所有那些事情已经发生过之后，这还有可能吗？

问题讨论

1. 罗比通过观察得出结论，男孩子比女孩子更容易被抛弃。你认为是这样吗？

2. 从医院回来的火车上，罗比问了一个之前从未问过的问题，也是一直困扰着他的问题。这是什么问题？还有哪些类似经历（比如离婚或死亡）会让人提出这样的问题？

3. 罗比也问道："难道我也要疯了吗？"对于一个面对类似挣扎的孩子，你会如何回答？

第七章　吉姬的礼物

我看过芝加哥医生的几个月后，诺拉问我："罗比，你愿意和吉姬一起在芝加哥过周末吗？她想和你谈一些重要的事情。"

"哇！我真的可以去吗？"

"当然。你可以在周五去，在那里好好玩玩，下周我们会讨论你们两个交谈的问题。"

这是否意味着吉姬要把我带走？我迫不及待地想知道真相。

当周五终于到来时，约翰把我送到外婆的公寓。烤鸡的香味使我口水直流。我喜欢吉姬做的任何饭菜，但是她用波士顿烧锅炖熟的肉、用烤箱焙烤的香脆鸡、加添了香料的猪排，以及拌了香菇鸡肉的米饭最符合我的口味。"罗比，我喜欢看你吃饭。"吉姬总是这样对我说，"这让我感到很幸福。"

这甚至让我更高兴。这一次，我差不多吃了她吃的两倍。

我们总会鼓出肚子，等着过一会儿吃餐后的甜点。通常，在吉姬清理了餐桌之后，我们会玩多米诺骨牌或者扑克牌；

她会让我赢，但是从来都不是那么容易。有时候，我会藏在厨房和起居室中间的帘子后面，发出怪物一般的咆哮声；然后，当她发出尖叫声并假装晕倒在地上时，我就会哈哈大笑。我们也可能玩抓人游戏，或者玩藏猫猫，但是她的公寓太小，塞的家具又太多，几乎没有空间随意活动。

可是在这个夜晚，吉姬看起来神情严肃。"让我们把那些盘子先放在餐桌上，过一会儿再收拾。我们先到沙发上坐坐。我想和你谈谈。"

我几乎无法忍住一个发自内心的微笑。我只知道她要告诉我：我可以来和她住在一起。

她在沙发上坐下来，就挨着我。"罗比，"她开始说，"我一直设法保护你。但是现在，在你刚刚经历了所有这些事之后，我想现在应该告诉你一些事情了。"

我蜷缩在沙发上，设法让自己舒服一些。看来这将是一个很长的故事。

"你的奶奶宝莲不喜欢你的母亲，"吉姬开始说道。"她认为你父亲应该娶一个别的女人，不论从社会地位还是经济条件来看，她的家庭都应该更像他们家的；用她的话来说，就是'门当户对'。"

吉姬的严肃的表情消失了，她窃笑了几声。她用一种朴素的声调，把我以前从她那里听说了多次的话又说了一遍："但是你和我都知道：社会阶层不是用金钱来决定的，关键在于人品！”

我想，吉姬就是拥有这种社会阶层的人。我也想成为一个人品高尚的人。如果我和她住在一起，我会的。

“当宝莲不能阻止他们的婚礼，”吉姬接着说，“她便竭尽全力推行自己的计划，落实自己的旨意。”她模仿着宝莲，用缠绵的南方口音宣布说：“现在，我亲爱的乔伊斯，我只想你和罗伯特得到那最好的东西。”

这回轮到我窃笑了。

她摇摇头，她的语气变得越来越有讽刺意味。“宝莲明显是出于心中的好意，接下来便把你父母如何准备婚礼的所有细节都告诉了他们。你母亲若不是经过一番争吵，绝不会采取那些建议。想起来，那仿佛就像南北战争还在这两个任性的女性之间进行一样，真的。”

她转了转眼珠子，继续说：“当你的父母去度蜜月的时候，你奶奶雇了一些搬运工，把他们公寓里的所有家具都搬走了，放到一间储存库里。然后，搬运工们运来一堆昂贵的家具，都是宝莲买的。”

“哇！妈妈回来后一定会很开心。”我说。

“开心？哦，没有啊，孩子！相反，她和你父亲都非常愤怒，因为宝莲没有和他们商量，也没有得到他们的允许，就擅自买了如此昂贵的家具，还把他们原来的家具都搬出去，又把她自己的搬进来。你母亲就像一只受惊的猫，一边抓耳挠腮，一边发出嘶嘶的声音；你的父亲则再一次陷入他妻子和他母亲之间的纠纷之中，进退两难。"

我想，那时的宝莲肯定就像我母亲一样疯狂。我不知道我们全家是否都是疯子。

吉姬解释说，自从我离开了儿童之家，母亲就开始把一些家具卖到当铺里去。"我跟她交谈，请她允许我把她的一些家具和赠品留在这里，作为一种安全的保管措施。我把自己的家具送到她的公寓里，还给了她一千美元，让她支付账单，直到她能找到一份工作，并尽快振作起来。"

"嗯，我明白了，这就是为什么你这里有这么多的家具，对吗？"我问道。"过去我不知道你的公寓里为什么塞满了东西。"

吉姬停顿了一下，深深地吸了一口气，又开始严肃起来。她拉起我的手，聚精会神地看着我的眼睛深处。

原来是这样，我想。接下去，我期待着她会告诉我，她可以卖掉其中一些东西，把我留下来和她在一起。我把身子坐得更直了一些，等待着好消息。

"罗比，我决定好好活着，争取看到你从大学毕业，看到你结婚。"

什么？

"等我死了，或者你想更早用到它们，所有这一切质量上乘的红木家具，还有这些瓷器、水晶和银器都是你的。我就是为你保留出来的！我很高兴我做到了，因为你母亲会卖掉这一切，并且会花光所有的钱。这是你可以继承的财富。如果你和你的妻子不需要它，那么你们就可以把它卖掉，购买你们需要的东西。它会为你们的生活提供一个良好的开端。"

吉姬在发抖。想到我要上大学，要成为一个男子汉，要结婚……我猜想，这一切都会使她变得伤感。

但是我太失望了，竟然说不出话来。我简直不敢相信这就是她给我的巨大惊喜。

此时此刻，我不知道自己还能做什么，我俯身向前，拥抱着我的外祖母。她哭了，而我却在想着：我的愿望又一次破灭了……

都怪这些塞满了的家具！在我已经充满厄运的生活中，只不过是又多了一个怪诞的故事。

最后，吉姬向后靠了靠身子，然后擦去她的眼泪。"谈得够多了，"她宣布说。"我们去吃冰淇淋！"

于是，我们坐到餐桌边，一起享受添加了热软糖和奶油糖果的香草冰淇淋。

那天晚上，当我在床上躺下，我的肚子满满的，但是心中却感到从未有过的空虚。

问题讨论

1. 吉姬说："社会阶层不是用金钱来决定的，关键在于人品！"她这句话是什么意思？你觉得什么是阶层？什么是人品？

2. 要是让你来描绘一幅罗比的妈妈、爸爸和宝莲之间的互动图，会是什么样子？

第八章　抉择

吉姬的卧室门后有一台很小的黑白电视机。第二天早上吃过早饭，我看了一些礼拜六上午播放的卡通片，心中仍然感到很失落。

她更喜欢听收音机。她喜欢的一个节目是太平洋花园布道团电台播送的一部戏。那些故事的主人公无非就是一些被生活击垮的无家可归的人，或者跌入生活低谷的醉汉，后来抬头远望，发现了上帝，最后改变了自己的生活方式。我很难被那些与上帝有关的文艺作品所吸引，但是吉姬喜欢。我偶尔听一些片段，那是因为其中有充满希望的信息：无论生活变得如何糟糕，它仍然可以改变，而且变得更好。我喜欢这个观念，即使它似乎与我的情况格格不入。

吉姬在星期六不上班，休息一天；但是我们仍然乘坐火车，在布林莫尔站下车，到市中心她上班的马歇尔·菲尔德百货商店去。她想带我在她的朋友们面前炫耀一番。

我可以用一整天的时间在百货公司的游乐场里观赏巨大的玩具火车、来回穿行的玩具汽车、各种建筑物和跌宕起伏的山脉，有一个人全时间在那里操作。不过，吉姬的计划则是让她的朋友告诉我，说我长得多么大了，她也要给我买一件新衬衫，还要到胡桃木屋餐厅去吃甜点。

胡桃木屋餐厅很大，墙板上镶嵌着很多核桃，天花板上则悬挂着许多历史故事装饰画。一组小餐桌上铺着白色亚麻桌布，放着餐巾纸，桌子上的水晶高脚杯和银器擦得锃亮。穿着黑白相间制服的招待员，使我想起企鹅的模样来。

芝加哥的弗兰果巧克力带着薄荷的清香，十分诱人。我像往常一样，饱餐一顿之后，就坐在后面等着。吉姬似乎又来了劲，要为我讲述一个新的话题。我希望这一次讲的事情要比家具的故事更好听一些。

"罗比，"她开始说，"你也知道你那些社工，还有诺拉和那些医生们，他们一直在跟我谈论很多事，都关系到你的未来，还谈论对于你来说最适合做的事情。"

我坐直了身子。隐藏已久的盼望再次露出尖尖角。

我想：机会来了。她终究会邀请我来与她一起生活！

"你的妈妈未经许可，就把你带走了这么长时间，儿童之家的主任去见了法官，请求不再让她作为你的合法监护人。你的姑姑爱丽丝，就是你父亲的妹妹，嫁给了一名律师。他对我和你父亲的家人们说过，我们任何一个人都可以成为你的法定监护人。所以阿诺德，就是你祖父米切尔的一个兄弟，已经同意为你担当这个角色。你可能还不知道这件事，但是我要告诉你，就在你的父亲……在他发生意外事故的三个月之后，他的父亲，就是你的祖父米歇尔先生去世了。”

什么？她到底在说些什么？

我不会和她住在一起？我要到那个我素不相识的老家伙那里去？

而且这不是意外！他是故意的。为什么大人们不直接跟我谈谈呢？

吉姬肯定从我的脸上看出了我的困惑和愤怒。“他是一个好人，罗比，”她连忙说。“他住在佐治亚州的亚特兰大市，而且拥有米切尔奥兹莫比尔和劳斯莱斯汽车在当地的经销权。他已经同意成为你的监护人。这样，在你发生什么事情的时候，你就会有来自本家的亲人而不是由州政府或者你母亲为你做出决定。”

“不过，吉姬，”我未加思索就匆忙问道。“为什么我不能跟你生活在一起？”

她的声音平静得让人惊讶。“很明显，你的母亲是没有指望抚养你了，她不可能康复如初了。我每天都在祷告，求上帝让她早日康复，好离开疗养院，并能搬到一家过渡教习所里去。或许到了那个时候，唉，只是或许罢了，她能找到一份工作，养活自己。但是，我们认为她永远也不能再照顾你了。”

我点了点头，但是没有说话。

"你父亲永远也离不开乔治亚州的艾伦精神病院了。他能走几步，但是不记得多少事情了，他不能自己穿衣服，他说的话你也无法理解。他很喜欢叔叔阿诺德和婶婶爱丽丝前去看望他，但是当他自己的母亲，就是你的祖母宝莲去探访时，他会很生气。事实上，他已经变得很糟糕，我听说她不再去看望他了。"

奇怪，为什么所有这些话题都离不开我在乔治亚州的亲戚呢？我甚至不认识他们。他们以前从来没有关心过我。为什么现在闹起动静来了呢？吉姬到底想告诉我什么？

"罗比，我真心实意地爱你，"她继续说，"但我必须讲求实际。你知道，明年我就七十岁了。我这个年纪要抚养像你这样精力充沛的孩子实在是太老了。你这样的一个男孩要长大成人，需要一个更好的地方，而不是和我这个老太太在一起。"

她眨了眨眼睛，于是我不得不发出嗤嗤的笑声，使她感觉好一些。茶室的"企鹅"招待员为吉姬的杯子添水时，她打开手提包，拿出一个信封。

"那么，你打算怎么处理我呢？"我问。

"这是芝加哥那些医生写的一封信，让我给你念念其中的一部分。这是约翰给我的。'我很难想象，罗比如何才能逃脱他的背景给他带来的可怕的打击和伤害。他认为自己是一个已经被抛弃的人。他应该知道那不是他的错，他也应该在社会交往和智力方面调整自己，成长为一个正常的年轻人。但是，为了防止他失去这种调整能力，他必须从那个社会福利机构搬走。'"

又是一派胡言。

我重复着自己的问题，但这一次我的语气变得冰冷。"那么，你到底打算怎样处理我？"

吉姬折起那封信，又对我解释说，我有三个选项。"你可以在儿童之家再待九年，直到你高中毕业。你也可以拜访一些寄养家庭，看看你有没有中意的。或者，也许你可以到亚特兰大去找米切尔家族的那些亲戚，与你的亲戚一起生活。"

她等待着我的回答。

我绝不会到一个寄养家庭去，我想。社工以前已经和我谈过这个问题，我已经说过此路不通了。

我告诉自己说，也许有一些很好的寄养家庭，但是我怎么会知道呢？一个孩子若找到两相情愿的寄养家庭，就绝不会再回儿童之家，所以我从来没有听说过类似的故事。我所认识的孩子们分享的都是糟糕的经历。

他们警告说，如果养父母有自己的孩子，至少会有一个孩子讨厌"入侵者"。他们的建议就是：如果一个家庭中有年纪小的孩子，你就千万不要去。但是，如果你去了就是最小的孩子，那就不妨尝试一下。

我认识的几个男孩子在十岁之前曾在五个寄养家庭中生

活过。他们感觉就像流浪的小狗，试图让他们的"饲养员"感到快乐，而没有找到被爱的感觉。当社工们发出警告说，在寄养家庭生活的孩子们如果举止不良，就会被送回儿童之家时，他们似乎只是说说而已，实际上也无能为力。

有一个大一点的女孩子名叫佩吉，当我问她有什么想法时，她说："不要去。"她一直在读一本小说，讲述的是一个被称为"绿山墙的安妮"①的女孩被送到一个寄养家庭。那个人家一直希望领养一个男孩，在他们的农场干活。当安妮到达那里后，女主人扬言要把她送回去。安妮曾经说过这样的话："我会尽力做好，你要我做什么都行，只要能把我留下。"

佩吉摇了摇头，继续说道："好了，罗比，你可以打赌，我不打算做那种事。我们不是马戏团的猴子，要逗一些养父母高兴。我宁愿原地不动，继续留在儿童之家，也不愿意再次被抛弃。"

我明白了她的意思。

像我们这样的孩子都渴望有一个家，与大人们生活在一起。我们不顾一切地想得到爱和养育，得到安全的保护。但是，

---

① 《绿山墙的安妮》（Anne of Green Gables），台湾译作《清秀佳人》，香港译作《红发安妮》或《绿色屋顶之家的安妮》。这本书是加拿大女作家露西·莫德·蒙格玛利（Lucy Maud Montgomery）创作的系列长篇小说中的第一部，1908 年首度发表。本书以清新流畅、生动幽默的笔触，讲述了纯真善良、热爱生活的女主人公小安妮的故事，被公认为是一本可以让家长、老师和孩子都能从中获得感悟的心灵读物。问世至今已被翻译成 100 多种文字，发行 5000 多万册。

只是寄养性的看护，大人们并不一定愿意长期承担抚养我们的义务。哼，我们自己家的大人们都已经让我们如此失望；我们还能对陌生人有什么期待呢？

我勉强决定去试试投靠我在亚特兰大的亲戚。如果那样做解决不了问题，我就只好留在儿童之家。这不是我想要待的地方。但是在那里住了五年之后，它已经成了我知道的唯一的家。

吉姬一边品着茶，一边等待着我的回答。

"我想和一个家庭住在一起，"我最后说。"我不想留在儿童之家，也不想到寄养家庭去。我不想只是去体验一下寄养家庭，然后不知道因为什么又被送回儿童之家。"

吉姬似乎松了口气。"罗比，我只想让你去做你认为最适合你的事情，"她心平气和地说。"但是我不得不承认，我也担心你的养父母可能不会让我去看望你。如果真是那样的话，我还不如死了的好。"

"吉姬，我可以试试去亚特兰大吗？也许当他们了解了我，就会接纳我。他们毕竟和我是一家人，所以我仍然可以来见你，你说我能吗？"

吉姬犹豫了一会儿，接着说："我想会是这样的，罗比。但是我可能一年只能见到你一两次。"她深深地吸了一口气，继续说道。"我明白你为什么不想去寄养家庭，也明白你不想留在儿童之家，直到你毕业。我认为，对你来说，到亚特兰大去认识你的本家人，是一个好主意。我会告诉儿童之家的工作人员，我赞同你的做法。"

她笑了，站了起来。"我们一起去看火车吧！"

我一直很喜欢观看管理员把玩具火车送上小轨道，让它不停地转圈。不知道为什么，那天的情景很符合我的心境。我的生命轨道通往何方？我对此一无所知；我也无法知道，我终归能不能找到真正可以落脚的地方。

问题讨论

1. 为什么罗比拒绝寄养家庭？《绿山墙的安妮》中的引言如何影响了他的决定？

2. 如果作者所经历的这件事发生在你身上，会如何决定寄养家庭的事情？为什么？

第九章　亚特兰大

到了这种时候，我该找社工讨论一下我的未来了。但是，那时约翰已经离开了儿童之家。对于他的离开我并不生气。在我看来，他只是另一个抛弃我的成年人，我对下一次咨询服务辅导没有什么感觉。

那个社工的名字和长相我都不记得了，他穿着笔挺僵硬的白色衬衫，扎着颜色单一的领带。像我们这样的孩子都称呼他那样的男人"白衬衫"。他们中的大多数人都显得和他们的服装一样僵化。

"罗比，你已经决定不考虑寄养的事，对此我很失望，"他对我说。"我理解你的心情，但我认为你的决定不对。你知道，我们有很多很好的安置计划。"

我听着，但是已经暗暗下定了决心。

"我想，我们的工作做得不够好，没有为你们这些孩子证实这些寄养家庭有多么好。你只是看到那些没有解决好的孩子们又从寄养家庭回来了。我们现在已经找到了一些很好的开放家庭。我们不打算强迫你，但是我仍然认为，你至少应该尝试一下。"

"谢谢你，但是别管我的事，"我回答说，但是我的声音里夹杂着嘲讽。"我不感兴趣。"

"那么好吧，我很高兴你愿意考虑在亚特兰大的那个家庭。"他笑着说。

"为什么？"我以一种好斗的语气问道。

"这意味着你还没有堵死那个选择的大门。"

"我不知道你和吉姬为什么都热衷于那个选择。那些人并不想要我去。他们是一群陌生人。我在这里已经五年了，他们甚至没有一个人来看望过我。"

"我知道那会让你有什么感想，"他回答说。"但是，我们真的希望你在一个正常的家庭中生活。我们不希望你在这里一直待到毕业。"

我怒视着他，问道："这么说来，现在这个地方也不想留我了，是吗？"

我的话使他局促不安，他结结巴巴地嘟哝起来。他还没来得及把他的思绪整理清楚，我已经放声大笑。

这一次我让他尝到我的厉害了。就像儿童之家的许多孩子一样，我喜欢让权威人士措手不及而试图控制局势。有一些人往往想通过不良行为或者爆发式的愤怒达到目的。我更喜欢改变大人们言辞的真正意思，获得我自己喜欢的反应。

当我终于止住了大笑，我屏住呼吸，对他说，"你应该看看你自己脸上的神情。太有趣了！"

他被迫做出皮笑肉不笑的样子。我想，担任社工的这类人，真的需要学会如何放松自己，别总是那么紧张。

"好吧，罗比，我们的谈话可以继续进行吗？"

我还在窃笑，但是点了点头。

"你在考虑到亚特兰大去，这是一个好兆头。这意味着你的情绪还好，所以……"

我没有听到他后面说的话。

我不太好！我的心里在痛苦地呼喊。我根本不可能情绪还好。

为什么没有人提及我希望的唯一选择，难道他不知道吗？我从三岁开始就梦想着，有一天吉姬会告诉我，我可以和她住在一起。

我想，她的公寓足够大了，住两个人没问题。真是岂有此理，我就知道有一个六口之家生活在比吉姬的公寓还小的单元住宅中。我实在弄不明白！她不把我带走，真是让我弄不明白。母亲已经被关起来了，不再碍我的事，因此，这里到底还有什么解决不了的难题？

我一直在努力弄明白未来几个月内会发生什么事，因为那个儿童之家已经安排好了，要在夏天对那个亚特兰大家庭进行一次访问。

难道他们告诉吉姬我会像母亲那样疯了吗？难道吉姬认

为我会像宝莲或者我父亲那样发狂吗？或者说，难道她认为我会成为一个堕落的、只会为她带来烦恼的青少年吗？我知道她是爱我的，那么，问题出在哪儿呢？

我没有找到答案。也许这并不重要。大人有控制权；我任何事情都不能改变。

所以，就像一架鼓，敲打着固定但烦人的节拍，儿童之家的生活就像过去六年那样持续着：起床、穿衣、吃早点、上学、遭受嘲讽、远离那些恃强凌弱的家伙、回到儿童之家、小吃、到操场上释放一番压力、吃晚餐、做一些家庭作业、听"圣经故事"、上床，然后陷入深思……

在经过很多思考之后，我似乎想出了一个解决方案。我认为归根结底还是钱的问题。吉姬没有足够的钱养活我们两个人。我们所需要的正是钱！我发誓要想方设法，弄到一些钱。

读完四年级，我和吉姬一起飞到亚特兰大。乘飞机旅行使我非常激动；那可是 1964 年啊，我真的不知道还有哪个九岁的孩子会坐在飞机上！

这次去亚特兰大，是为了让我用暑假两个星期的时间跟我的那些亲戚一起生活，使我们可以彼此了解。过了几天，吉姬离开我走了。我一个人留下来，与爱丽丝姑姑——我爸爸的妹妹、她的丈夫迈克、他们的孩子住在一起。他们有三个孩子，一个女孩和两个男孩，最大的是小迈克，只比我小两个月。我的祖母宝莲·米切尔也和他们在一起过日子。

如果真是钱的问题，那我算是来对了地方。这些人有的是钱！他们在亚特兰大的巴克海特地区有一座三层楼的豪宅，里面空间很大，布置了大量的家具，其中有一个图书馆、树枝型的装饰灯、五间卧室、三个全卫生间和两个浴室，这一切都使我看得眼花缭乱。他们只有六个人，却有三个浴盆和五个盥洗室！与我们那个小男生楼层相比，简直是天壤之别——我们那里只有两个浴盆和两个盥洗室，却要满足我们十六个人的需要。

露西尔是他们聘用的专职厨师，也住在那个院子里。她很安静，中等身材，肤色黝黑。我们伊利诺伊州的普林斯顿是一个由瑞典移民组成的农业社区，没有任何黑皮肤的人。我在芝加哥看到过一些那种皮肤的人，妈妈鄙夷不屑地称他们为"那些人"，但是我和他们从不来往。露西尔在米切尔家里供职，已经四十多年了，爱丽丝姑姑还没出生就在那里了，似乎就是这个大家庭的一个成员。即使是她在车库那边的房间里，也有一个完整的卫生间。

我想，他们肯定有足够的空间让我住在这里。如果我们相处得融洽，他们不会有任何理由不要求我和他们一起生活。

我和堂弟把那座被玉兰花围绕的院子作为我们的户外游乐区，但是与地下室的家庭活动室相比，它只能屈居第二。活动室的中间摆着一张全尺寸的台球桌，旁边还有一副乒乓球球台、一张沙发、一个壁炉和一个酒吧。

　　没过几天，我的堂弟就给我起了个绰号，称为我"欢闹"。我的活动能量远比他们高得多。他们开始轮流跟我玩，但是不久就声称我使他们筋疲力尽了。"嗨，妹妹，轮到你了！"当我们打了一小时的台球、篮球或者踢完街头足球，其中一个男孩就会发出这样的呼叫。

　　当他们厌烦了在那座房子里招待我，就带我到首府俱乐部的巨大游泳池里去游泳。我从来没有去过任何一家乡间俱乐部；我唯一知道的就是这一家看起来非常昂贵。

　　我第一次去那家俱乐部之前，迈克姑父把我拉到一边。他高大帅气，头发是深色的。他神情愉快，但是不知何故有些冷漠，他微笑了一下，低头看着我说："罗比，你在俱乐部里活动的时候，如果想吃什么，喝什么，只要告诉服务员把费用记在我的账单上就可以了。"

　　我心里想，好极了！在接下来的两个星期里，我吃得心满意足。

　　亚特兰大的亲戚们很少问起我在儿童之家的生活情况。当他们含含糊糊地问起来的时候，我都避免做正面答复，而是换个话题，因为我害怕如果自己说的太多，他们就会觉得我阴阳怪气的，也就不会邀请我回来了。我希望他们认为我是个正常的孩子，还会要求我住下来。

　　在那两个星期里，我假装这就是我期望拥有的生活。除了祖母米切尔，一切都很完美。

她很少离开楼上的卧室。她会一直睡到中午，起床后，她会在对讲机上喊喊喳喳地告诉露西尔，她想吃早餐。有时候，她会乘出租车离开家，去和朋友们打桥牌，或者到市区的城市俱乐部去消磨时光。大多数时候，她都会坐在摇椅上看书或者看电视。

当她卧室的门开着时，我就会遇到麻烦。她就像一只猛禽，似乎能听出我跑步上楼的声音。然后，她会用令人同情的哀鸣般的声音痛苦呼唤我："罗比，我亲爱的宝贝，你能腾出片刻时间陪陪你的老祖母吗？"

我有时候会告诉她，我必须赶紧回到楼下，因为有人在等着我。但是内疚感通常会让我很不情愿地晃悠到她的房间里去。

"你在这里玩得开心吗？"她总是这样问。"坐下来，告诉我你一直在做什么。"

每当我咕咕哝哝地说出一两句话，她就会接过话茬，说："我很高兴你生活在那样一个美妙的地方，有这么多令人愉快的小玩伴，还有这么多善解人意的保姆。"她总是这样说。

我想回击她："你怎么知道？你从来没有去过那个儿童之家，甚至从来没有问过我那边的事呢！"佢是，我还是保持沉默，低调等候接下来会发生的事情。

"罗比，你的母亲，唉，上帝祝福她的心吧，她几乎毁了你。不过，我现在要帮助你。重要的是，你应当学习如何融入合乎体统的社会。你的一般礼仪，尤其是你的餐桌礼仪，完全需要改进。譬如说……"。

然后，她就会教训我一番，指出所有我做错了的事情。

但是，她不会继续长久地谈论高尚的生活礼仪这些题目。过不多久，她就开始谈论我的母亲。"噢，罗比，我很不情愿说任何人的坏话，但是我知道那个女人对你说过那么多关于我的谎话，我不得不让你知道真相。乔伊斯是个令人不舒服、困惑的女人。我永远也不会明白你的父亲到底相中了她什么。"

泪水在她的眼睛里打滚，但是我并未受到感动。在我的心目中，她就像一个不苟言笑的老人，一个按照精心排练的台词说话的女演员。她用了太多粉状的白色化妆品，涂抹了太多的唇膏。还有一点令我费解：一个老妇人为什么留着及腰的长发，而且总是在头上盘成一团，像一个小帽子呢？

宝莲使我想起"小红帽"中的那只大灰狼，假装是一位可爱的祖母，但在等待机会吃掉猎物。在对她儿子的择偶不善哀叹了一番之后，她无可奈何地摇了摇头，说："我早就注意到你母亲的问题了，也曾试过微妙地提出来。但是，我那亲爱的宝贝儿子罗伯特不愿意听我的意见。我也不知道到底为了什么。毕竟，我不是那种专横无礼或者干涉别人生活的人；我只是想让我的宝贝儿子得到最好的妻子。"

当我再也无法忍受的时候，我会打断她的抱怨，问她："奶奶？请原谅，我可以先走吗？我刚才上楼时，曾答应过小迈克，说我会马上就过去和他一起玩。"

她总会让我去，但是没有一次不是唉声叹气。我会站起来，吻吻她那布满皱纹、铺满了粉的额头，然后离开。我会迫不及待地走出她的视线，便我可以擦掉她在我的嘴唇上留下的气味。

当我被困在这些窘境中的时候，爱丽丝姑姑似乎觉得对不起我。她从来没有问过到底发生了什么事，但是她若是问的话，我就会告诉她，宝莲所说的事情都没有给我留下任何印象。在我看来，宝莲和我母亲之间的唯一区别就是，宝莲富有，住在豪宅，而不是住在精神病院里。她们两个人都病了，心里充满了仇恨，她们彼此仇恨，也仇恨外国移民，仇恨黑皮肤的人，而且仇恨所有阻挡她们去路的事物或者个人。

一谈到关于马丁·路德·金博士以及他所领导的争取平等权利的游行，她们二人都会大声责骂一番。我在亚特兰大见到一些为家庭日常生活提供帮助的人之后，我不明白她们为什么会如此愤怒。那些人都有着黑色的皮肤，他们都对我很好。为什么会有人恨他们，或者认为他们不应该和白人一样受到同等的对待？

在我看来也很明显，宝莲并不比我的母亲更爱我。我只不过是为她们的争斗多提供了一个因素。如果我还没有出生，他们也会为别的事情争斗。我不是她们看重的目标；权利才是决定因素。

我结束了那次探访，自己乘飞机回家。"白衬衫"和吉姬一起到芝加哥机场迎接我。在前往普林斯顿的途中，我一路上都给他们讲述那边奇妙的大房子，那些非常有趣的事情，那个家庭多么和蔼可亲，以及我如何迫不及待地想回来。我没有提到宝莲；她的行为似乎并不足以成为我谈论的重要话题。

我们一回到儿童之家，吉姬就和我吻别，转身去和我的辅导员交谈，然后去搭乘赶回芝加哥的火车。我跑到诺拉那里，向她讲述了我这次冒险的经历。

"你不会相信，"我说。"那座房子多么高大！那些孩子们多么有意思！我们打台球，踢足球，打橄榄球，打篮球，还到乡间俱乐部去游泳，而且……"

我讲得越是漫无边际，诺拉笑得也越是开心。最后，她满面笑容地看着我。

她是在笑话我吗？我心里想。

"你在笑什么？"我问道。

"这让我想起《雾都孤儿》的故事来。"

"谁是雾都孤儿？"我问。"在我离开这段时间里，他到我们儿童之家来了吗？"

诺拉嗤嗤地笑出声来，接着说："《雾都孤儿》是一部小说，讲述一个男孩的故事，他与自己的家人分离，被送进孤儿院，后来人们发现，他的家庭非常富有，于是得到了拯救。"

　　我听了以后非常兴奋。"我能见见那个孩子吗？"

　　"哦，罗比，不是那么回事。那个孤儿叫奥利弗，是一部小说中的人物。等你上高中的时候，就会读到关于他的故事了。"

　　我皱起了眉头，陷入困惑之中。

　　"罗比，这不是一个真实的故事。这是一部古老而又非常著名的小说，是一个名叫查尔斯·狄更斯的人创作的。"

　　"你认为我会像小说中的那个孩子一样吗？"

　　"嗯，会的，你同样饿肚子，想吃东西，也同样想能够改变命运，所以我甚至能够看到你端着饭碗，走向前去请求人家施舍，问道：'请再给我一点粥，好吗？'"

　　她咔咔的笑声变为哈哈大笑。我根本不知道她在笑什么，但是她的笑声如此有感染力，连我自己也很快咯咯地笑起来了。

　　最后，她屏住呼吸，然后说道："噢，罗比，这只是那部小说中的一个著名的场景。对不起。我只是情不自禁地想象你就在那个场景里面。"

　　我还是不知道她在说什么，但是我所关注的问题在于，她不是在嘲笑我。于是，我问她："这么说来，你觉得我可能会像书中主角奥利弗·特维斯特那样，因自己的富有家庭而获得自由，正如他得救一样吗？"

就像她以前无数次做过的那样，诺拉跪下来。她把我拉过去，给了我一个拥抱。

"我希望如此，罗比。真的，我真的希望如此，"她低声说道。

听起来，她的喃喃细语不仅仅是一个希望。在我听来，那就像一个祈祷。

问题讨论

1. 你对宝莲和罗比在亚特兰大的其他家人有什么样的印象？

2. 诺拉希望罗比能够像小说《雾都孤儿》中的那个男孩一样得救，并且为这件事情祷告。她希望能够发生什么事情？你愿意罗比得救，并且为之祈祷吗？

第十章　这里有我的位置吗?

如果信就是所望之事的实底 [1]，那么多年来我第一次有了这样的信心：我的生活最终会变得正常。与我那些富有的亲戚一起生活成了我的梦想。在我的下一次旅行中，我必须给他们留下深刻印象。

熬过了五年级，暑假终于到了，我又一次登上了返回亚特兰大的飞机。

爱丽丝姑姑和堂弟小迈克到机场接我。当我们到了他们在巴克海特的家，我提着手提箱上了楼，来到我的卧室。

这时候，迈克姑父把我叫进他的房间，关上了门，对我说："坐下，罗比。我得告诉你一件事。"

我的心脏开始砰砰乱跳。我想到，他是这里的一家之主! 他就要告诉我，我可以在这里留下来。我兴奋得颤抖起来。

"去年夏天，"他开始说，"我告诉过你，可以在那家俱乐部订购你所需要的东西，但是，我的意思不是说你可以

_____

① 详见《希伯来书》11 章 1 节，"信就是所望之事的实底，是未见之事的确据。"

定菜单上所有的东西！"

我能感觉到自己的脸变得像甜菜一样绯红。迈克姑父咯咯地笑了起来。

"罗比，我不想让你感觉不好。不过以后，你要照我那些孩子的样子，请吃得少一点。"

我感到难以承受。我结结巴巴地勉强向他道歉。

整整一年，我都在盘算，一切都将非常美好：这个家庭会请求我和他们一起生活。此时此刻，还不到一个小时，看起来我好像已经失去了这样的机会！

我第一次来这里的时候怎么会那么愚蠢？我问自己。更糟糕的是，我现在不知道该吃多少东西才不会受到责备。

于是，我注意从堂弟小迈克身上寻找解决办法。在俱乐部里，他吃什么，我也只吃什么，别的不吃，有时吃得更少。

当第一次谈话给我的震惊消失之后，事情似乎有所好转。我的两个堂弟经常有说有笑，迈克姑父也常常面带笑容。我以为他会原谅我，他们都还是很喜欢我。当爱丽丝姑姑证实我可以花时间与米切尔爷爷的兄弟们及其家人在一起时，我抱的希望就越来越大了。我喜欢他们，我与阿诺德叔爷爷以及他的妻子安妮丝特别合得来。

阿诺德又高又瘦，有一个鹰钩鼻子，经常带着灿烂的笑容，发出爽朗的笑声。作为劳斯莱斯和奥兹莫比尔经销店的老板，他在亚特兰大市中心有一所占地三英亩的大房子，在乡下还有一个一百五十英亩的农场。我在这里的第二个星期快结束时,我花了几天时间在他的农场做工、钓鱼、玩耍。

婶奶奶安妮丝身材高大,她头发已经花白,自称为"乡下姑娘"。每次吃饭时,她都会问我:"孩子,你怎么能吞下去这么多的食物?"我似乎不能克制自己;儿童之家并不提供炸鱼或者炸鸡,也没有滴满黄油和蜂蜜的自制甜点。这里有各种各样的蔬菜,包括南瓜、西红柿、秋葵、绿豆和黑眼豌豆,都远远好过了我在儿童之家通常吃的马铃薯和玉米,以及"政府"救济用的罐装青豆。儿童之家也没有冰淇淋,但是在这里吃多少都没有限制!

我在那里的时间飞速而过。当我对阿诺德叔爷爷说再见的时候,我鼓起勇气,向他问了一个一直在我脑海中挥之不去的最重要的问题。

"也许我能再回来,住在这里,可以吗?"

他的微笑很温暖,也很有礼貌。"罗比,也许可能吧,"他一边抚摸着我的头发,一边说。"拿好你的书包,你就要走了。爱丽丝姑姑和迈克姑父正等着你呢,他们会开车送你去机场。"

在上飞机之前,我在大门口又尝试了一次。我满脸堆笑,十指交叉,对他们说:"谢谢你们的款待。我喜欢在这里的一切。你认为或许我可以再回来,跟你们大伙儿住在一起吗?"

迈克姑父的反应就是和我握握手,好像我是他律师事务所的顾客似的。姑姑爱丽丝轻轻地拥抱了我一下。

他们谁也没有回答我的问题。

当我回到了儿童之家，我仍然没有放弃。我不断地询问诺拉，我的姑父和叔爷爷们是否曾打电话来，约我去和他们住在一起。但是没有人打过电话。

那个夏天还剩下几个礼拜六，每当我在那天看到吉姬，都会问她是否听到过来自亚特兰大的消息。每个星期她都回答说："要有耐心，罗比。我会和他们谈及此事。我保证。"

到了八月底，我再也无法忍受下去了。"吉姬，"我恼怒地问她，"我要去亚特兰大，住在那里，有消息吗？你到底有没有和他们谈过？"

"我们已经谈过了，罗比。但是还没有消息。"

她试图转移话题，但我不会给她机会。

"吉姬，请告诉我，他们说了些什么。我知道他们喜欢我。吉姬，他们会接纳我。我知道他们会愿意的。我使他们充满喜乐！"

她拍拍我的头。"对他们来说，也许现在还不是一个好时机，"她说。"也许稍后事情可以解决。"

稍后？

我不希望稍后。我希望现在就去。

~~~~~~~~~~~~~

目前还不清楚，在亚特兰大是否有容纳我的地方。不久，我听说在"小男孩"楼层已经没有我的地方了。

那年秋天,新学期开学之前的一个星期,诺拉的话引起了我的惊慌。"罗比,'小男孩'的宿舍变得太拥挤了。我们需要腾出一些空间。因为你要上六年级了,我们认为你也有所准备了,所以我们要把你搬到'大男孩'宿舍楼去。"

"诺拉,"我抗议道,"我不是一个大男孩!我只不过是快到十一岁了,我的身高甚至还没有超过五英尺!我的体重也还不到一百磅呢。那里有一些大块头的家伙!诺拉,他们的年龄都不小了,有十六的、十七的,还有十八岁的呢!"

"对不起,罗比。但这是我们唯一可以做的事情。我们现在有太多的小男孩,因此,一些事情必须改变。我们并不想那样做,只是没有别的办法。"

"但是……我在那里会受到伤害!"

"对不起,罗比,我真的很抱歉,"她低声说。然后,她就像一个知道该把幼崽留在身后、让它学会照料自己的熊妈妈那样,转身离开我走了。

"大男孩"宿舍楼的管理员帮我搬过去,并给我看了我的房间。就在我抱着装有我的日常用品的盒子下楼时,有一个大男孩喊道:"我们楼里的小鲜肉!"接着就是一阵低沉的笑声。

当我到达那里的时候,我的新室友不在场。诺拉跟我说过,他比我大三岁,但是向我保证说,他比其他的大男孩儿要好一些。

他的确还行。但是他不会支持我，也不会成为我的朋友。我和一群狮子孤独地待在洞穴中。

我很快就了解到，那些狮子有一个对付我的计划。每一天，我无论如何都会被他们揍一顿。每一天，都有一些年龄较大的男孩来提醒我，论资排辈，我在这里地位最低。因此，问题不是我是否这一天会受到惩罚，而是谁会来惩罚我。

我并不是唯一的受害者。通常情况下，一个年龄较大的男孩回家时心情不好了，往往拿离他最近的孩子出气。把人揍得鼻青脸肿或者留下斑斑血迹都意味着惹下大麻烦，所以这些家伙打人时从不留下明显的痕迹。用指关节叩击头部是他们特别喜欢的手段之一；它留下痛苦的肿块，但是隐藏在头发里，别人发现不了。在大厅里用前臂打人也是很流行的方式。

如果我走出我的卧室，看见那些"卑鄙的家伙们"中间有一个下楼到大厅里去，我就会缩手缩脚，退回到我的房间里去，然后关上门。不幸的是，我们宿舍的门都没有锁。有时候，那个家伙径直从我门口走过去，但是更多的时候，他会跟在我后面，闯进我的房间。

那些块头硕大、非常卑劣的家伙们中，有一个人从来都不会径直走开。他总是突然闯进来，猛力把我撞到墙上，然后把我夹在门和墙壁之间。有时，这样做会使他心满意足。

否则,他会把我提起来,使劲地抖动我的腿和胳膊,然后把我扔到房间的对面去。他再过去朝着我的头准确地猛挥一拳,然后离开,不留一点痕迹。

我根本斗不过这些恃强凌弱的恶棍,但是有时候也蠢蠢欲动,无法克制自己对他们反击的欲望。当我在操场上对诺拉抱怨时,她回答说:"罗比,我从来没有见过你挑起战斗,但是,我也从来没有见过你轻易放弃战斗。有时候你可以放弃试试看。你会发现,你的做法会让他们玩的游戏毫无乐趣。"

她可能说得对。但是,即使我有足够的自制力从他们身边走开,我还是不想放弃。我想把我的敌人打得落花流水,直到我的愤怒和挫折感都荡然无存。

可是,他们从来没有收敛过。他们只是变本加厉,越来越恶劣。

不久,我发泄愤怒的努力发生转折,变得黑暗可怕。我不能击败给我造成痛苦的人,便开始考虑把我的挫败感发泄到那些毫无防备的动物身上。

那一年,我向吉姬要一个成套的化学用品玩具箱作为送给我的圣诞礼物。我的计划就这样开始了。她答应了我的请求,还以为我想成为一名医生或者科学家呢!每到礼拜六下午,我都会拿着几个装有化学制品的瓶子,跳上自行车,骑上几公里的路程,到那条从城镇垃圾堆旁边流过的小溪边上去。

那里没有人打扰我,但是手边有许多青蛙可以做我实验的对象。

一开始，我研究了其中哪一种化学物品可以弄瞎它们的眼睛。我成功后的一段时间里，看着它们盲目地来回跳动，没头没脑地撞到别的东西上，我得到了一种残酷的满足感，但是我很快就厌倦了那种把戏。

我改变了兴趣，开始致力于使一些东西爆裂。在科学课上，我们已经了解到，某些化学物质混合在一起会产生爆炸。偷来的化学肥料和爆竹成了我选择的武器，而青蛙又成了我的受害者。我把抓来的青蛙摆在宿舍的地板上，用那些恃强凌弱的恶棍们的名字称呼它们，然后把它们炸死。

看着那些使我痛苦之人的替身爆裂，似乎让我感觉好多了，至少暂时如此。但是它并没有解决我的问题。我在六年级从头至尾都乐此不疲，而且没有被人发现。这一年，除了我去过的家庭，我也没有找到任何一个真正的家。

那年夏天，我又飞到亚特兰大去了。我再一次感到，自己就像一出悲喜剧中的一个演员——我在那里受到热情的款待，享受了很多乐趣，做出了艰苦的努力，询问过我是否能在七年级开始之前搬来和他们一起生活。

然而，再次出现了同样的沉默。

~~~~~~~~~~~~

到了我上初中的时候了。我期待着在新学校中的一个新的开端。

吉姬给我买了两条裤子和两件衬衫。我为这些新衣服深感自豪；在第一个星期的每一天，我都替换着穿，使这些衣服产生不同的组合。

但不是每个人都对我留下了深刻印象。那个星期快结束的时候，在我们学生接受指导的教室中，有一个女孩带着厌恶的神气从头到脚地打量着我，对我说："不要再穿那件衬衣了，"她发出鄙夷不屑的嘘声。"那些就是你唯一的衣服了吗?"

我太震惊了，简直无法回答。但是过了一会儿，我在心中默默地表示了对她的极大不满。

这些就是我最好的衣服! 它们是新的，不是有人穿过的旧衣服。我的殿下，我的衣柜与你太不相配了，这实在是太糟糕了。我对她已经忍无可忍。这可是吉姬能买得起的最好的衣服!

我想打烂那个女孩那张傲慢的脸，让她吃下我那污秽的衬衫。我再一次像个局外人似的。

七年级的生活不会比其他任何一年更好。学校的场所是新的，但是挣扎依旧。我花了一年的时间，小心翼翼地游荡在那些小圈子的边缘，但仍然是儿童之家那些更健硕的家伙们攻击的目标，继续充当出气包的角色。

在接下来的那个夏天，一个变化了许多的孩子登上了前往亚特兰大的飞机。我的内心如同火山的岩浆在沸腾。

我一直在想，在我做出一些愚蠢的事情之前，我必须摆脱儿童之家的困境。这一次可能是我最后的机会了。我必须查明迈克姑父和爱丽丝姑姑的心思，他们到底要我怎么样，我才能和他们住在一起。我不得不这样做。

不过，我到达亚特兰大之后不久，我的计划就戛然而止了。

"你的伯爷爷①沃伦下周就要带你去北卡罗来纳州的格林斯博罗，"爱丽丝姑姑对我说。"他和你的亲爷爷米歇尔以及他们所有的兄弟姐妹都是在那里长大的。北卡罗来纳州的那个大家庭有一个野餐聚会，你也获邀参加。"

听她的话，这仿佛就是一次盛情款待。但是我也有自己的疑惑。这位伯爷爷是个保险公司的推销员，他在几个兄弟中年龄最大；我和他在一起只有几个小时。在这样一次长途旅行的途中，我们能谈论些什么呢？

然后，我意识到沃伦伯爷爷可能会成为我的计划的一部分。嘿，蠢货，我告诉自己说，这将是一个很好的机会，让你以自己的才华为这个老家伙留下深刻印象。然后，当你请求留下来的时候，他就会站到你这一边。

在接下来的一周里，我加倍努力地工作，处处表现得有礼貌，有教养，也尽力帮助爱丽丝姑姑、迈克姑父和我的堂弟堂妹。在城市俱乐部的账单上，我没有任何向服务员订购

①沃伦是罗比的爷爷的哥哥。

的东西。我甚至花了一些时间陪陪我的奶奶宝莲。

当我要到沃伦伯爷爷家里去的时候，我对堂弟堂妹说了再见。然后，我转身拥抱了爱丽丝姑姑。

"也许我还可以回来住在这里，"我说。"我会问问吉姬，看她是否赞同我来。"

我密切地关注着她的回应。她亲切的笑容瞬间变成了一张没有表情的面具。

她没有说："那太好了！"

她没有说："我们会考虑一下。"

她甚至没有说，"对不起，罗比，这可能行不通。"

她根本就什么也没有说。

我告诉自己，那是因为她已经有了三个孩子了。我告诉自己，她大概以为我来会多一个负担，超出他们可以应付的程度。

到如今，我终于知道一扇紧闭的大门是什么样子了。这扇门已被关闭。此时此刻，我该尝试去敲另一道门。

我想，今后我对叔爷爷阿诺德和伯爷爷沃伦必须格外好才行。他们中间有一个人肯定会让我进去。

我与叔奶奶安妮丝和叔爷爷阿诺德在他们的农庄住了几天，然后，他们把我送到伯爷爷沃伦的家里。当我们说再见的时候，我为自己的目标做了最后一次尝试。

"阿诺德叔爷爷，我真的很喜欢和你在一起，"我告诉他。

"你想想看，也许你和吉姬可以解决这个问题，那样我就可以回来，跟你住在一起，行吗？"

他点点头，但只是有礼貌地表示理解。他没有说任何给我带来希望的话。

与往常一样，是出奇的沉默，这真不是我想要的。

问题讨论

1. "她就像一个知道该把幼崽留在身后、让它学会照料自己的熊妈妈那样，转身离开我走了"看到这句话，你有什么感受？这样的事情在你孩提时或为人父母时发生过吗？倘若发生过，结果是什么？

2. 罗比怎样经历了出奇的沉默？你经历过类似的沉默吗？倘若是的话，你如何回应这样的沉默？

第十一章　为什么？

　　沃伦伯爷爷的凯迪拉克轿车似乎有一条小船那么大。当我们驱车前行，他为我讲述了我父亲那个家庭说不完的故事。

　　我才知道，我的祖父鲍勃·米切尔，是十一个孩子中的老三①。沃伦伯爷爷比他大一岁。所有的米切尔兄弟都长着鹰钩大鼻子。九兄弟中有五人个子魁伟高大；四个短粗矮胖。沃伦伯爷爷就是短粗矮胖的兄弟中的一个。

　　这九个男孩和两个女孩由他们的父亲养大成人，他是一个非常穷困的佃农。1910年，他用一辆骡子拉的运货马车拉砖，帮助在北卡罗来纳州的格林斯博罗修建吉尔佛大学②。

　　许多年以后，我的祖父米切尔和他的几个兄弟想方设法，总算到那里上了大学。在确立了他们自己的职业生涯之后，他们为父母在格林斯博罗买了房子，并给予他们经济资助，使他们安度晚年。祖父米切尔的一个姊妹和丈夫也一起住在

---

① 老大是个女孩。

② 吉尔佛大学（Guilford College）是一所著名的私立四年制文理大学，类似的学校在美国只有13所。

那里，照顾她的父母，直到他们去世。

有着辉煌历史的这个大家庭即将合家团圆，参加一年一度的野餐聚会。

当我们开到了那座房子，我简直不敢相信有那么多人参加，肯定有五十名成人和一大帮与我同龄的孩子。

每个人都热情地欢迎我。这是一个庞大、友好和睦的家庭。

"你的祖父是一位崛起的圣人。"一个叔奶奶告诉我。

"他的一生堪称圣人，"另一位补充说。"你能设想和宝莲一起生活的情景吗？"叔爷爷们笑着说。

我知道你们是什么意思，我心里想。

尽管受到他们的欢迎，我还是只感到一种麻木的困惑。吉姬怎么就没有对我说起过这伙人呢？迈克姑父和小迈克也从不谈论他们。奶奶宝莲也没有提到过他们。

北卡罗来纳州的这些亲戚们没有一个曾经试图与我联系。难道他们甚至不知道我还活着吗？

过了一会儿，我与一些同龄的男孩一起打球，但是我仍感觉得自己像个局外人。当大人们问起我在学校里和体育活动中对什么感兴趣，他们竟然没有提到那个儿童之家。仿佛每个人都已经得到警告，不要涉及那个话题。

那天晚上，我睡得迷迷糊糊，我的思绪在不停地旋转。好吧，他们知道我是在孤儿院长大的。他们肯定明白，我不应该待在那里。那么他们为什么不邀请我和他们住在一起呢？

难道他们从宝莲那里听说我是一个坏孩子吗?难道他们憎恨我的母亲吗?到底发生了什么事?

亚特兰大的叔爷爷们肯定不会来问我,但是这些家伙为什么也闭口不言呢?我并不比这里的几个孩子年龄大。我在这里会很适合。

第二天,沃伦伯爷爷带我去参观吉尔佛大学。昨天晚上,当他宣布了一个惊人的消息时,我一直在思考一些问题。我打算借这个机会问问他是怎么回事。

"你知道,罗比,"他说,"如果你能保持不断提高你的成绩,你就能去吉尔福特就读。我们的父母去世之后,米切尔家的儿子出于对他们的尊敬,投资设立了奖学金,如果你成绩够格,能被录取,你的学费也可以从奖学金中支付。"

我简直不敢相信自己的耳朵!我能去上大学吗?儿童之家从来没有任何人能得到机会去读大学!

噢,对了,迄今为止据我所知,只有一个人进入大学。他在儿童之家只待了一年半,但是篮球打得好,所以靠这个得到了一份大学的奖学金。

大部分伙计到了十八岁时,就会离开儿童之家,有些人则根本没有毕业。这些人读完了高中却没能去上大学。我知道几个人,他们还未到二十一岁就结束了性命,或者被投进了监狱。其余的似乎也都消失了,从事着没有前途的工作。

记得有一次,我在儿童之家和其他男孩子们参加"漫谈会"，曾经提到上大学的事。那些年龄大一些的家伙们发出鬼哭狼嚎般的笑声。"是啊，没错，"有人说，"我们都很傻，话又说回来，即便我们足够聪明，我们从哪里能得到上大学的现金？"

"你别做美梦了，"另一个插话说，"你会被困在这里，直到他们把你扔出去。然后，你就会像我们一样游手好闲，四处闲逛。你的未来根本就和大学扯不上关系。没门儿！大专院校只接受好孩子，像我们这样的孩子都不够格。"

我想到要说些什么事，譬如 "也许我有幸能上大学"，但是一直闭紧嘴巴。我想，他说得对。我不聪明，吉姬也没有足够的钱送我去读大学。牙医说我需要戴矫形器，穿白衬衫的学生顾问却告诉他，没有闲钱买那样的东西。如果连买矫形器的钱都拿不出来，哪里还有什么钱去读大学！

如果大学只是为好孩子们开办，我就会被排除在外，难道不是这样吗？

我已经被遗弃到一座孤儿院。这件事确实证明，即使是诺拉的上帝也认为我不是一个好孩子。

沃伦伯爷爷带着我漫步穿过吉尔福特校园的回忆又回到了我的脑海，仍旧那么鲜活，但是我简直不敢相信曾经发生过的一切。

当时，就连这所大学的校长似乎也很高兴见到我。"吉尔佛大学为有这么多米切尔家族的毕业生而深感自豪，"他说。

"我们真的很感激你们家族的慷慨。年轻人,你在吉尔福特也占有一席之地。刻苦学习吧,如果你成绩好,那么当你从高中毕业后,这里会有一份奖学金在等待你,你可以利用它读完大学。"

但是,在校园的参观游览一结束,那份奖学金的重要性就开始降低了。头天夜里萦绕在我脑海中的问题迅速回来了,还伴随着心中对那个家庭的愤怒,因为我觉得他们似乎已经拒绝了我。

我们开车回到亚特兰大,然后飞回芝加哥,我在整个旅途中都努力抑制自己内心总想要爆发出来的愤怒。

回到了儿童之家,我要求与我的新顾问谈一次,这位伙计名叫马文。

"少废话,到底是怎么回事?"我一边喊叫着,一边冲进他的办公室。我"砰"的一声关上门,然后在他的办公桌前来回踱步。

马文惊得目瞪口呆。他已经见过我的沮丧、无情与冷漠。但是他从来没有见过我如此怒不可遏。

"我过的什么日子!我已经过够了这种倒霉的生活!"我大喊大叫,用拳头使劲敲击他的办公桌。"哼!谁对我这样无情?告诉我!我应该朝着谁发泄?"

"罗比,冷静些,"马文温柔地说,"你坐下来,我们可以好好谈谈。"

　　"我已经厌倦了谈论！我也不想坐下。我只希望有人给我一个明确的答案。"

　　"有什么问题吗？"

　　"你傻吗？我想知道是谁这样无情地待我。我想知道谁是那个讨厌的家伙！"

　　"罗比，你指的是什么？"

　　"你猪脑袋啊！是谁把我关在亚特兰大门外，关在北卡罗来纳州门外？告诉我！是谁？我从三岁开始就来到这个乏味的儿童之家！现在都已经熬过来九年了！我在亚特兰大有一个家族，在格林斯博罗还有更多亲属。那都是我父亲的家人啊，他们到底要干啥？真是岂有此理！而且，他们的日子何止是舒舒服服；他们何止是中产阶级。他们简直就是财大气粗！

　　"马文，在那个地区，有四十多个家庭可以抚养我。但是，当我请求他们中的一些人把我带去的时候，我得到的却是沉默！你听见了吗？沉默！甚至没有人有胆量当面告诉我：'罗比，不会发生这样的事。你不能和我们住在一起。'"

　　随着我心中的怒火越燃越烈，我的声音也不断提高。"马文，这是为什么？我不是一个叫人头疼的坏孩子！我不是自己要到这个世界上来的。我没有请求我那个酒鬼父亲抛弃我。我当然也没有求过那个患有精神病的母亲抛弃我！难道就因为他们，我的那些富有的亲戚在不断地惩罚我吗？为什么没有任何人来把我带走？为什么我不能投靠别人，为什么我就不能有自己的家？"

我的愤怒从内心深处像火山一样爆发出来，变成了撕心裂肺般的尖叫。我的拳头朝前挥去，但是在我意识到其后果之前，那一拳直接穿透了对面的墙壁。

马文惊讶地跳了起来。一阵沉重的脚步声传来，有人朝着大厅跑过来。门猛地开了。另一个男性辅导员闯了进来。

"马文，你这里没事吧？"

"还好。"

那个男子愤怒地瞪着我，我对他也怒目而视。"别担心，"我说，"我不会杀了他。"

那个辅导员看了一眼马文，马文对他点了点头。最后，那个家伙离开了我们所在的房间。

"把门关上！"我大声喊道。

"坐下，罗比，"马文说，"请坐。"

我的怒气消了，我瘫坐在椅子上，双眼盯着地板。

马文有几分钟沉默无语，他在思考什么。我不经意间注意到，他看起来有点像亚伯拉罕·林肯，身材高大瘦削，留着修剪整齐的络腮胡子。

终于，他开口了："罗比，为了解决同样的问题，我们已经尽了努力。我打算跟你实话实说，但是你不会喜欢我的答案。"

我恼火地盯着他，急切地等待着。

"我不会引用这些关于心理分析的专业术语，而是尽量说得清楚一些，"马文开始说道，"唯一的答案就是，吉姬不愿意放你走。如果你到亚特兰大去，她就不能像现在这样经常见到你。"他停了下来，等待着我的爆发。

我盯着地面。我已经对这个问题想了很久，难以自拔，现在只需要片刻工夫来整理一下我的思绪。最后，我平静地抬起头来，对他说，"马文，我明白你的意思，但是你错了。我明白你会如何思考这个问题，但是我已经问过吉姬了。"

"真的吗？什么时候？"马文满脸惊讶，脱口而出。

"这个夏天，我从亚特兰大飞回来的时候就问过她。"

"你问了她些什么？"

"我告诉过她，我父亲在亚特兰大和北卡罗来纳州的那些亲戚都有家有业，也有钱来抚养我，但是很明显，他们不愿意。我告诉过她，爱丽丝姑妈和迈克姑父都喜欢我。叔爷爷阿诺德和叔奶奶安妮丝同样喜欢我。然而，他们都没有打算把我带走。伯爷爷沃伦还说得过去，但是我认为北卡罗来纳州的任何家庭都对我根本不感兴趣。吉姬听了以后没有说什么，所以我握着她的手，直盯着她的眼睛，问道：'难道就因为你不想我去那么远的地方，我就只能待在这里吗？'"

"她说了什么？"

为了改变谈话的格局，我要占主导地位；于是，我深深地吸了一口气，感觉舒服多了。我接着说：

"她哭了起来。她抱着我，痛哭了很长一段时间。最后，她擦了擦脸，摇了摇头，说：'罗比，并不是那么回事。你的整个童年已经使我心碎。我愿意尽一切可能，好让你过上正常的生活，即使这意味着我一年只能见你一次。'"

我停顿了一下，然后继续说下去，没有太多的情感色彩。"马文，我相信她。吉姬从来不对我说谎。她并不是把什么事都告诉我，但是她从来没有哄骗过我。"

我抬起头来朝上看了一眼。马文点了点头，于是我接着说：

"吉姬告诉我，她很抱歉，亚特兰大那条道是行不通的。她肯定那不是我的原因。不过，她不会向我解释为什么这事不会成。我不知道她是否知道了答案，可能知道了也不打算告诉我。或者说她虽然知道怎么回事，但是实在不知道该如何对我解释。无论是谁的原因，我都不相信是吉姬从中作梗。所以，马文，如果不是吉姬，那么到底是谁，又到底是为什么？"

我们沉默地坐在那里，过了很长一段时间。

最后，马文开口了。"罗比，我真的不知道。我对你一向都是完全坦诚相待。我曾经以为是吉姬不让你走，但是现在我不那样想了。我同意了你的观点，但是同时也让我无法回答你的问题。

"如果亚特兰大那条路真的封上了，你又不愿意到寄养家庭去，那么我们就必须另外寻求一种方法，来帮助你度过未来的五年，直到你长到足够成熟，可以独立生活。你预备好一起来应付你的愤怒情绪吗？"

我站了起来。"马文，我不生你的气。我对吉姬也没有怨恨。"我走到门口，打开了门，又回头看看。"我也还没有准备好让你帮助我处理愤怒情绪。其实，我不想对付它。我只是想让某些人尝尝受到伤害的滋味。"

我的声音冷若冰霜，但是我的愤怒之火在燃烧，比以往任何时候都更加炽热。

问题讨论

1. 这一章的结尾是这样的："我的愤怒之火在燃烧，比以往任何时候都更加炽热。"现在你还没有读到本书后半段，你认为作者的青少年期和成年期会如何度过？为什么？

第十二章　赚钱的能力

我打算去挣钱！

如果我的未来握在自己手中，如果我的亲属们不打算接纳我，如果吉姬不能为我提供援助，那么现在我该去找一份工作了。

1967 年 8 月，我当时只有 12 岁，但是已经做好了准备，看看自己能否赚钱，能否拥有一些"现成备用的东西"。到时候了！我要长大成人，还要向吉姬证明我能够成为一个男子汉。

像我们这样的孩子如果能读完高中并且顺利毕业，就必须在八月份离开儿童之家。每个男孩都会选择自己的目的地，然后会获得一件新运动衣，一张单程汽车票，最后，工作人员会和他握手，对他说一声"孩子，祝你好运"，接着送他们上路。我们就这样进入了成人世界，没有保证金，没有家庭支持，也没有不错的口碑。

我访问吉尔佛大学后，就意识到我的未来必须由我做主。如果我努力学习，努力工作，还能攒一笔钱，也许我的生活会有所改善。也许，我甚至可以像我在亚特兰大的亲属那样，在一个充满金钱和权力的世界中生活，安逸舒适，自由自在。

祖父米切尔一直很富有，他的兄弟中有六个都是百万富翁，这在 20 世纪 60 年代实属罕见。我希望他们的好运会轮到我的头身上。

祖父在世时前，一直是一家工业供应公司中拔尖的推销员；在两次世界大战期间，那家公司制造的皮带使数百万台机器保持运转。他的一些兄弟，从辈分上来讲都是我的伯祖父或者叔祖父，也已经成了百万富翁。叔爷爷比尔通过在华盛顿特区销售办公用品和设备发了大财。叔爷爷阿诺德曾经是一位律师，后来放弃了他的律师生涯，转行卖汽车。汤姆在亚特兰大拥有吉普和别克的代理权；霍华德在佛罗里达州卖凯迪拉克牌子的轿车；沃伦通过他的保险公司发了财。每年夏天的访问之后，我都在琢磨自己如何也能发财致富。

所以，在升入八年级之前的那个夏天，在一个炎热的礼拜六，我走遍了普林斯顿市，想要寻找一份工作。我不认为有人会为我提供一份差事，但是我打算试一试。

我找到了许多家公司的营业处，但是每一家都给了我一个快速的答复："不行！"我不敢肯定那是因为我只有 12 岁，或者是因为他们不信赖任何从儿童之家出来的孩子。

那个漫长而又凄惨的下午快要过去的时候，我最后来到了铁轨旁的木材堆置场。场主正靠在一堆木板旁。我正了正肩膀，摆好姿势，站得笔直，走到他身边，开诚布公地说："先生，我需要一份工作。什么样的工作都行，我不在乎。请你给我一个机会来为你工作，我可以证明自己是好样的，行吗？求求你了，先生，就给我一个机会吧。"

他的脸饱经沧桑，长着一双深陷的眼睛，他上下打量了我一番。那个男子咬着下嘴唇，凝视着我。我满怀信心地望着他，因为我很清楚，两年的举重锻炼已经让我看起来不止12岁，倒是更像14岁的样子。

也许那只是我的自信。也许是因为他看到一个仍然稚嫩的孩子具有寻找工作的进取心。不管是什么原因，他终于说道："好吧，小子。下礼拜六再来吧。我会给你一件真正需要吃苦耐劳精神去做的事。如果你能撑下来，你就能得到这份工作。"

下个礼拜六一到，我就迫不及待地到达那里。

"小子，你准备好上班了吗？"店主问道。

"是的，先生。"我回答说。

一辆货车刚刚抵达。车厢里装满了50磅一袋的水泥，堆放在货盘上。职工们用铲车把货盘从火车上卸下来，把它们放到一座仓库的外面。

"我要你卸掉每个货盘上的水泥。把每袋水泥都运到仓库里去，整整齐齐地堆叠起来，"老板吩咐道。然后，他朝着站在那里的两个男人使了个眼色，就吹着口哨走开了。

　　我终于干完了，我已经搬运了大约两吨半的水泥！汗水从我身体的每一个毛孔中滴下来。甚至连控制耳朵的肌肉都疼痛难当。

　　但是我咬紧牙关，挺直了身子，走到主人那里。令人惊讶的是，他在仔细地打量了我一番话之后，并没有去叫救护车。

　　"我完成了，先生，"我用颤抖的声音说。"我得到这份工作了吗？"

　　"孩子，你超出了我的想象，你有权来这里工作。"他笑了，嘴咧得那么大，把脸上的皱纹都挤到另一边去了。"下个礼拜六大约七点钟再来吧。"

　　孤儿院离那个木材堆置场只有五个街区，但是我不敢肯定，我颤抖的双腿能不能摇晃到那么远的地方。我咬紧牙关，使尽全身的力气，离开了那里，我把挣到的两美元报酬塞进裤子后面的口袋里，然后挺直腰杆走开了，一直走到他们看不见的地方。然后，我垮下了肩膀，耷拉下来双臂，一步一挪地回到了儿童之家。

　　爬楼梯上二楼似乎难以忍受，但是我做到了。当我瘫在床上的时候，我疼痛得几乎放声大哭。

　　在接下来的两年里，我每个礼拜六都到那家木材堆置场去打工，每小时能挣大约25美分。我也去给人家修剪草坪，用的是儿童之家的乘坐式割草机，我自己支付汽油费。有两个夏天，我修剪玉米穗子，把它们装进袋子，运到一些饲料公司，那里的农艺师用它们培育新的种子。在炎热的天气干这种活儿很辛苦，弄得我浑身发痒。

过敏引起的喷嚏不断发作，几乎使我窒息，因此，捆绑干草的事没有干成。但是我曾辛苦地为人洗车、从车道上铲除积雪。有时候，我穿着工作服去上课，头上沾满了雪花，汗水在我的眉毛上结成冰。我的时间很不好安排，但是我想方设法去赚钱，同时也抽空参加体育活动。

就在那段时间里，我阅读了从奴隶变成教育家的布克·华盛顿的自传《超越奴役》[1]。他立刻就成了我的一个偶像。他写道："劳动不是耻辱。"他学会了热爱劳动，不只是为了挣钱，而是为了工作本身的缘故。他发现，做一些世界需要的事情能为自己带来独立自主和自我信赖。我开始明白他所谈论的事情了。

他对《圣经》的内容也很感兴趣。正是在这方面，我和他有了不同的观点。

那一年，我在当地的一家教会参加了整套的坚信礼课

---

[1] 布克·华盛顿（Booker Taliaferro Washington，1856 年 -1915 年），美国著名政治家、教育家和作家。他出生于维吉尼亚州富兰克林县，父亲是白人奴隶主，母亲是黑奴。他的自传《超越奴役》（*Up From Slavery*）于 1901 年首度出版，对美国现代文化和教育产生过重要影响。

程"①,内心有很多挣扎。一些内容很有意思。但是在下课以后，我说我不想加入那家教会，结果引起一片哗然。

诺拉被派来说服我。她的方式很温和，但我还是不买她的账。

"我不能与他们所教导的耶稣产生认同，"我告诉诺拉。"此外，如果上帝真的那么美善，为什么我还在这里？"

诺拉知道什么时候该放弃，而且就是那样做了。教会和儿童之家的负责人明确表示，他们对我并不高兴。我是唯一一个拒绝加入教会的孩子。

我也没在意。我要赚钱，而只有金钱才能救我。

既然知道我不能把现金留在"大男孩"宿舍的房间里，我就在一家银行里开了一个储蓄存款账户。账上的钱有些是来自亲属的礼物，叔爷爷阿诺德偶尔给我十美元或二十美元现金，他在一个圣诞节还给了我一百美元。叔爷爷汤姆和伯爷爷沃伦已经发现了他们兄弟的慷慨，也给了我相应的数目，使我在那个夏天回家时带回的金额高达二百美元，真是令人惊愕。

我对自己的储蓄账户高度保密。有些家伙看到我有一个充满爱心的外祖母，能穿更好的衣服，每年还有一个去亚特

---

① 坚信礼课程（Confirmation class），是基督教一些教派用以明确并坚定信仰的课程。"坚信礼"又称"坚振圣事"、"坚振礼"、"按手礼"，是基督教的礼仪之一，用来巩固人通过洗礼与上帝建立的关系。现时只有罗马天主教会、东正教会、圣公会等遵奉。

兰大的假期，已经产生妒恨了。老提这些使他们不愉快的事，其实没有多大意义。

我试图把至少一半的礼金和工作报酬都存起来。随着我账户上的存款数目缓慢增长，我的信心也不断坚定。独立自主是我的目标，而金钱似乎就是我实现目标的方式。

我发誓，当我离开这个地方时，我要继续生存。我最终不会像母亲那样无家可归，也不会落得像我见过的那些小混混一样被关进监狱。

有钱花并不是我唯一的目标。攒钱也是一种游戏。正如我的叔伯爷爷们用金钱作为他们衡量自己生命价值的手段，我也想看看自己在毕业前到底能在银行存多少钱。我希望在找到一份真正的工作之前，能有足够的钱维持正常的资金周转。

当我产生了挥霍的冲动，我就提醒自己，我需要那些钱，好让自己不落到进监狱的地步。我们很少听说儿童之家的那些家伙们有良好的表现；我们听到的只是一些不好的故事，而且还有很多。

我的计划是到高中毕业时，我能有三千美元的银行存款。我告诉自己，那样就可以让我在伊利诺伊的一所州立大学里待上两年，或者买上一辆全新的福特野马轿车。去吉尔佛大学的计划可能成为泡影，我对于去北卡罗来纳州生活没有把握，远离吉姬更会使我放心不下。

我那些叔伯爷爷们总是谈论投资股票市场的事。终于，我一旦积攒了足够的钱，我就按他们的路子去做——我购买了伊利诺伊州两家企业的股份，一家是麦当劳，一家是花花公子，因为我喜欢它们的产品。

从财物等方面来看，我的人生目标正在开始改变。我想挣钱从而使自己可以穿得好一些，而不再是为了那些"现成备用的东西"而工作了。我想取得好成绩从而可以进入大学，而不再满足于仅仅及格而已。我想成为一个前途光明的男子汉，而不再面对空虚的生活漂浮不定。

我发誓，决不能像儿童之家的一些人那样成为混世魔王，决不能让任何人在监狱里看到我，也不能让自己在二十一岁时就英年早逝，让亲友们去参加我的葬礼。

不过，我不知道如何实现自己的目标。

问题讨论

1. 罗比认为金钱能够拯救他。这样的看法存在于你周围的人中吗？

2. 你怎么看作者的投资选择？你认为他当时的价值观是什么？

3. 罗比能够接纳布克·华盛顿的哪些观点？不能接纳哪些观点？

第十三章　重逢

我上八年级时，他们让我母亲出院了。

那是 1967 年，人们普遍认为，住在公共机构里的人可以自食其力，或者住进团体自理之家。心理健康提倡者为释放病人发起请愿。埃尔金州立精神病医院像其他许多类似的机构一样，让许多病人出院了，包括我的母亲。

我们已经有好几年没有见过对方了。我根本就不想念她。

因为我对此觉得有几分内疚，我的辅导员马文认为如果我去看她，会有所弥补。于是，他安排了吉姬把我带到那里。

当那一天到来，我乘火车去芝加哥。第二天，吉姬和我到了市区。我们在一个不景气的饭馆会面，那里离母亲住的过渡疗养院距离不远。

吉姬曾经试图要我为将要看到的景象做好心理准备。"你妈妈出现时，她的外貌会让你感到惊讶，"她警告说。

惊讶并不确切。当我见到妈妈时，她看起来非常糟糕，我简直就是被惊呆了。

她一直很瘦弱。但是在那一天，她那凹陷的脸颊使她看起来就像我在战俘照片中见过的人。她头发的颜色如同脏兮兮的残雪。即使她试图梳理自己的头发，也根本没有办法；她的头发上到处都缠绕成了疙瘩。

她穿着一身退了色的淡蓝色的破衣服，有二十多年了，还是 50 年代的衣物；衣服上的短袖子有白色的袖口，一排纽扣延伸到腰间，她还系着一条白色的塑料腰带。她穿着一条喇叭裙，与裙子搭配的是短袜和运动鞋。她的衣服上点缀着油污和香烟灰，看起来就像一个短松皱巴巴的袋子。

这已经够糟糕的了。但真正使我困惑、让我的胃收紧成一个疙瘩和感到恶心的，就是她那幅眼神。

我知道丧失希望的人的眼神是什么样子。她眼睛中的闪光已经荡然无存。我经常从那些在儿童之家进进出出的孩子们眼中看到这种空洞的神态。诺拉曾经称这种神态为"遗失已久的样子"，当我们这样的孩子凝视着永恒，却不知道为什么没有人来救我们时，就常有这样的眼神。

儿童之家有兄弟俩就是这幅神态。他们的父母和两个姐姐都失踪了，把他们孤单地留在公寓里。警察和社工根本没有找到遗弃他们的人。

有一个男孩，我叫他"兔子"，也有这种眼神。他十岁时，他那患有精神病的母亲企图掐死自己三岁的亲生女儿，他不得不从妹妹的脖子上拼命掰开他母亲的双手。

每天早上，当我照镜子时，我盯着自己，看到的也是这种眼神。

但是，母亲的眼睛更加糟糕。她的眼球后面空洞洞的，什么也没有。她似乎没有思想，没有感情。她的双眼中只有一片永远弥漫着的阴暗。

她双眼下面的皮肤呈暗紫色，仿佛她有好几个星期都没有睡过觉。她就像那些恐怖电影中借还魂术复活的一具行尸走肉。

她身处在一个我并不知晓的状态中。我所能做的就是盯着她。

"罗比，你最近怎么样？"吉姬问我，打破了沉默。

"我……我很好。"我结结巴巴地说。

"乔伊斯，你好吗？"她问妈妈。

我们等待着。母亲的话慢慢地从她的嘴里吐出来，好像害怕别人会从她的话中发现什么似的。"还……行……他们正在尝试……使我稳定下来……我必须让他们……"

吉姬向前探了探身子，可以听得清楚一些。我继续盯着她。

"我……在……吃……一些……强效的药物……"

得了，我不耐烦地想道。有话好好说。说明白点。

吉姬鼓励她继续说下去。

"……尝试……帮助我的大脑……没有这样纷乱的想法。"

她慢慢地伸出手去，抓到了一张薄薄的餐巾纸，擦去了从她的嘴角流出来的口水。

吉姬，你能结束这次会面吗？我默默地哀求。让我们离开这里吧！

"当我的大脑……动得这么快的时候……"母亲在搜索下面要说的单词时，皱起了眉头。"我那时无法思考……我无法找到一份工作……我不能照顾自己。"

你现在也不能思考。别再吃哪些药了！那样的话，你也许能像一个真正的母亲那样照顾我。

"这些药物能使我的大脑慢下来……我要站起来……在我站起来之前……我不得不想一想……"

她犹豫了一下，不知道该说什么。

"我反应太慢……我好像喝醉了。"

我想，那没有什么稀奇的！从前那些事从未影响过你。

她朝前弯了弯身子，想端起玻璃杯喝水，但是显然不能确定那个杯子离她有多远。最后，她动作缓慢地触到了水杯。她用双手端稳，举到嘴边，吸吮了几口，又慢慢地放回到桌子上。

这个过程大概花了不到一分钟。但是让人觉得似乎像一个小时那么长。

吉姬表现得好像没有发生什么事似的。我想逃走，逃得越远越好。

我想，这次探访不能再继续下去了。她看起来已经筋疲力尽。

但是，她似乎要努力振作起来，说的话听起来开始比较正常了。"噢，罗比，我的头发……乱七八糟的。我不知道我的头发……还会不会再漂亮。那些医护人员让我接受……电……电……电击疗法……好多次。"

出乎我的意料，淡淡的忧伤出现在她的脸庞。我一直认为她不会对任何事情有什么感觉。

她深深地吸了一口气，然后试图对我解释。

"医生说，大脑是由好几百万个细胞……组成的……这些细胞……传递我们的思想和感情。"她耸了耸肩，"还有更多的事情，我弄不明白。"

好！这已经超出我需要知道的事情了。所以，让我们现在就走吧！

她还没有说完。"有些医生觉得我的状况……是因为我的大脑……无法正常运作……就像它有一个……"她又皱起了眉头，在寻找一个字表达她的意思。"短路……而且放射出火花，迸得满脑子都有。"

她停顿了一下。我和吉姬在等着她下面的话。

"至少，我对……电疗就是这样理解的。"

接着又是一次深呼吸，又是一声叹息。她的脸又变成了一张白纸。

"当咨询服务和药物都不起作用……他们就试图电……

电击我的大脑。"

突然，她的双眼一片昏暗，我从来没有见过那样的眼神。她提高了嗓门。"他们用皮带把你捆扎在一张桌子上。他们用带子捆住你的手臂和手腕。"

她双眼中的虚空变成了愤怒。她的呼吸加快，变得短促，好像她一直在奔跑。

"他们用带子捆绑你的脚踝，你的胸膛，并把一些东西……放进……你的……嘴里……使你……咬不到……你的舌头！"

她吐出的单词，就好像朝着她过去所受的痛苦发射着子弹。

我觉得恶心。她的声音很响亮，但是我没有环顾四周，去看看女服务员有没有听到她的话。

"他们为我戴上头盔。在上面接上一台发电机。然后按下开关，接通电源……把电流……送进我的大脑。"她的声音渐渐减弱了。

我和吉姬惊骇不安地注视着母亲那张颤抖、汗淋淋的脸，那张脸充满了恐慌。

终于，我知道她快说完了。我隔着桌子伸过手去，握住她的一只手。

我们沉默地坐着，她逐渐平静下来。

我不希望再延长这次谈话。但我忍不住问道："妈妈，那样伤得你很重吗？"

她举起手中揉得破碎的餐巾纸，擦了擦嘴唇的一角。我注意到，她的两个嘴角一高一低。

他们到底对她做了些什么？怎么会有人这样残酷地待她？

我仍然握着她的手。这似乎为她增添了力量。

"疼痛。身体上的痛苦吗？罗比，我不那样认为。他们用皮绳把我捆绑之后，我就什么事都记不得了……当我醒来的时候，我无法活动。那就像……我的大脑只能让我知道我还活着，但是还不足以让我的身体做任何事情。医院里的人说那是……'有知觉的死亡'。我们的感觉确实就是那样。"

听了她半个小时的诉说，我已经筋疲力尽，但是我还必须知道另一件事。"你现在好些了吗？你觉得那种治疗起作用吗？"

她停顿了好长时间，然后才回答说："罗比，我不知道……我真的不知道。"

吉姬认为我们一天该做的事已经够多的了。"罗比，亲爱的，"她以一种过于欢快的声音说："请向女服务员要账单，让你母亲为我们支付餐费，然后，我们就可以送她走回家了。"

吉姬的话是在暗示我离开餐桌，这样，她就能塞给母亲一些钱。我很知趣，和她配合；我想，这对她们似乎重要，所以，我为什么不成全她们呢？

我们回到她的公寓，吉姬问我想不想再谈一会儿。

"不用了，谢谢。我现在不能谈什么了。也许以后再说。"

谈论？我无法谈论。我几乎不能思考什么了。我需要时间来梳理我的感情。我知道这次访问的画面将会永远保留在我的脑海中。

大多数时候，我都憎恨我的母亲。但是那一天我只是觉得心里很不舒服。我突然意识到，也许她以往并没有控制好自己的行动。显而易见，日复一日，每时每刻，她都在经历一场谋求生存的搏斗。

我的腹中一阵翻腾。我的心中对她一直充满愤怒，而此时此刻，我的同情心开始与愤怒相争。

但是愤怒占了上风。母亲已经毁了吉姬的生活，在毁灭我的父亲上也起到了一定作用。在我十三岁的头脑里，那些行径都无法与她对我的所作所为相比。

自从那天过后，我在几个月里都无法理清头绪。同情心在我的心中争取到一席之地。这就如同一头愤怒的狮子可能要住在一只怜悯的羔羊身边。

然后有一天到来了，母亲解决了这场冲突。

普林斯顿的初中毕业典礼是一大盛事。浩大的声势使那一天变得如此重要，就连吉姬的两位亲属亚瑟与弗兰，也在1968 年春天从罗克福德开车赶来了。他们在毕业典礼开始之前带着吉姬及时赶到，与我握手，和我亲吻。

当我穿着我的二手西装，打着领带坐在台上，我内心感到孔雀般的骄傲。但是突然，一个熟悉的声音从观众席后面传来。

"嗨！罗比！"

那是母亲，她醉醺醺地朝着前台蹒跚走来。

吉姬马上起身，在过道上拦住她。母亲被架到大厅的后面。

我简直不敢相信眼前发生的这一幕！她到这里来做什么？她怎么能这样对我？

我恨她……我恨她……我恨她！

终于到了我接受毕业证书的时刻，我不敢昂首挺胸地走上前去。我耷拉着双肩，看着地面，抱着一线希望，希望母亲不会再让我感到窘困。

但是，当我伸手接过获奖证书的一刹那，她的声音又一次打破了人们都恭恭敬敬地等待的片刻寂静。

"是啊，罗比！"她喊道，"哇，好极了！"

当令人不舒服的笑声在观众席响起的时候，人们在自己的座位上转动着身子。我羞愧得无地自容。

当毕业典礼的节目结束后，我真想能够立刻消失。其他孩子以及他们的家长没有一个人前来向我表示祝贺。

吉姬、亚瑟、弗兰和我都在外面走动的时候，妈妈扑过来紧紧地拥抱着我。她的呼吸中喷出的酒气令人作呕。我想对她尖声喊叫，把她的脸撕得粉碎。

最要紧的是，我想让她闭嘴，永远不要再管我的事。

在那一时刻，我心中那头愤怒的狮子撕碎了那只怜悯的羔羊。

问题讨论

1. 你对罗比妈妈在饭馆的情形有什么感受？

2. 是什么让罗比去握住妈妈的手？你对那一刻的反应是什么？为什么？

3. 作者写道："我心中那头愤怒的狮子撕碎了那只怜悯的羔羊。"你经历过相同的挣扎吗？你的"羔羊"战胜了"狮子"吗？你从这样的争战中学到了什么？

第十四章　几个好人

"让那个女人从我的生活中滚出去！"在我的下一次辅导谈话期间，我大声喊道。

马文看到我怒不可遏，两道浓眉拧在了一起。

"她毁了我的毕业典礼。从我出生那天起，除了痛苦，她没有给我带来过任何东西。我恨她，我恨她，我恨她！"

"罗比，现在……"马文说。

我不想听他的陈词滥调。"别再说了！"我情绪激昂地说。"我不想再看到她了，永远不想！"

马文是一个心地温柔的好人。他让我尽情地大声叫嚷，不加评论。最后，他原谅了我在这次交谈中的恶劣态度。

在这次爆发之后，大男孩班的工作人员肯定为我会伤害自己或者伤害别人而担心。在接下去的几天里，他们不让我接触任何化学设备，增加了我的辅导课程的频率，改为每周一次，并且禁止我的母亲到这座建筑物里来。谁也没有提到去芝加哥看望她：没有人尝试过为我做任何安排，这真是一件好事。

当我年龄小一些的时候，吉姬每周一次的访问有助于平息我的急躁情绪。但是她现在 74 岁了，这样的旅行对她来说实在太困难了。每隔两个月，一位工作人员会带我去看望她，但是我对她的思念之情难以言传。唯有她的意见才能让我避免陷入真正的麻烦，除了她，没有别人。她多年来的探访，已经在我的情感仓库中储存了足够的爱，使我不至于脱离正确的轨道，但是随着这种储存越来越少，我心中爱的储量几乎耗尽。

毕业典礼上的那段插曲过去了半年之后，吉姬叫我和她一起去母亲的过渡疗养院。我去了，因为是她叫我去的，但是当我看到我的母亲时，我没有反应。我已经不关心她的事了；她在我的往事中不过是又一个匆匆离去的过客而已。

似乎没有人意识到这一点，但是我会继续前进。母亲不会加入我迈向未来的旅行。

看起来，除了吉姬是个可能的例外，我那个大家族中的其他人也不会成为我的旅伴。

我在这个阶段特别需要一个好爸爸，但是我的父亲永远也不会发挥这一作用了。幸运的是，其他一些男人走进了我的生活，对我关怀备至，想方设法使我发生改变。

~~~~~~~~~~~~~

吉姆是个寡言少语、不善辞令的人。

当我上初中的时候，他成了大男孩班的宿舍管理员。他不到六英尺高，但是由于多年在内华达州的银矿工作，他的身体令人难以置信的强壮。他还教会了我如何举重。

对我来说，举重不只是锻炼，它帮我消耗掉多余的精力，而且吉姆似乎也知道这一点。

他还极力设法使我的愤怒朝着积极的方向转化，因此，他教我摩尔斯电码，并帮助我成为一名有许可证的业余无线电操作员。他和另一名本地男子告诉我如何用配套元件组装自己的无线电收发装置。

当我组装的收发装置能正常工作时，我的自尊心急剧增长。所以当其他操作员把我当作他们当中的一员时，我的自豪感也日益剧增。

我使用 WN9UHJ 作为台号呼号，记录无线电通讯日志，并与来自世界各地的操作员交换明信片。但是没有人知道我是谁，也不知道我是从哪里传送的。

我敢想敢干，这就是我！终于，我不再被称为"从儿童之家出来的孩子"了，那种感觉真是棒极了。

~~~~~~~~~~~~~

两年以来，斯沃尼是周末和节假日的替补宿舍管理员。他也是一位高明的木雕艺术家，为人随和，具有可爱的金毛猎犬的个性，使人不忍心给他添过多的麻烦。

斯沃尼的体型就像一个保龄球瓶，顶着稀疏的、沙红色的头发，他的脸上始终挂着微笑，经常给我们讲笑话。他的妻子名叫安娜，他在结婚前就知道她患了癌症，但还是娶了她，即使我们冰冷的钢硬心肠也被他感动。他们将只有几年的时间在一起，但是他每天都精心地照顾她。

斯沃尼是一个勇气十足的人，他敢于带领我们七个人在明尼苏达州河的上游去做为期一周的独木舟之旅。在边界荒原般的茫茫泛舟区水域，我们在其中划船，带着独木舟和露营装备走遍河川之间的陆地，畅饮未受任何污染的矿泉水，并在岛上露营过夜。我们与凶猛的淡水梭鱼搏斗，抓获后清洗干净，煮成美餐。那里有许多硕大的鹿蝇，它们蜂拥袭来，咬人的程度比一般的蚊子糟糕十倍，我们往往被咬得鲜血直流。我们在河中游泳，上岸后猛地拨弄掉粘在身上的水蛭。

斯沃尼单枪匹马，敌不过我们这些粗暴而好争吵的人。那六天冒险经历必定使他的耐心和技能用到了极限。

他的影响力不仅仅局限在野外活动中。有一天，他把我拉到一边，没有一丝窘迫，和我谈起性的问题。"上帝把性设计为一种爱的行为，纯洁的性爱是对美满婚姻的赐福，"他这样告诉我。"性应该被视为来自上帝的礼物，只能在一个男人和一个女人结婚后才能享用。"

对我来说，这简直就是新闻。儿童之家那些大一点的男孩在观察女孩时，只把她们作为潜在的"分数"品头论足。

那些下流肮脏的杂志和小说增强了他们的这种观念。事实上，自从我上六年级住进大男孩宿舍楼之后，色情杂志就一直是我的主要阅读材料。

作为一个血气方刚的十几岁的青少年，又没有多少道德上的约束，我并不赞成斯沃尼的观点。我认为我永远都不会赞同。

然而，　对他不尊重是一件很困难的事情。我情不自禁地选择了他对茫茫荒原的热爱。

~~~~~~~~~~~~~

鲍勃是一位社工，也是一位替补的学生宿舍管理员、天然资源的保护主义者、高明的弓箭手和猎人。

他留着运动员式的短寸头发，像军队里的骑兵那样精瘦。虽然我不是他咨询辅寻的对象，但是他特意为我提供了很多方便。

我读高中的时候，鲍勃教我如何为来福步枪上子弹，如何用它练习瞄准。他带我出去打猎，我们打野兔、松鼠和鹿，然后他教给我如何剥皮、清洗，再制成肉食。

他还为我示范如何根据太阳穿过森林时静静的移动计算时间，或者确定所在的位置，不用指南针就能辨明方向。我学会了如何在田野和森林中度过许多个小时的平静时光，那里的宁静和户外的芳香滋养着我的灵魂。

不过，鲍勃教给我的最重要的功课，还是我在密歇根州北部靠近铁溪的地区学到的。有一次，他带领我们三个十来岁的少年人到那里去狩猎麋鹿。我们搜索了好几天，连一只麋鹿的影子都没有看到。在我们那次行程的最后一天上午，我们正穿过茂密的森林，沿着伐木工人开出的小土路前行。突然，鲍勃向左转身，举起他的弓，站在那里一动不动。

一头巨大的公麋鹿头上长着一副优雅雄壮的鹿角，站在一片空地上。我激动得几乎喘不过气来。

公牛般的麋鹿通常独自行走，但是两头很大的母麋鹿和几头幼崽却伴随在这一头麋鹿的身边。我们知道，如果它逃跑，可能会安全地跑到树林深处，但是那两头麋鹿和几头幼崽就会成为我们手中的猎物。

公麋鹿站在原地，慢慢地抬起他那优雅的头，盯着我们，仿佛在说，"你们必须先把我射死，也要给我的母麋鹿和幼崽放一条生路。"

我们男孩子们举起枪对着母麋鹿瞄准，松开了枪上的保险栓。我们一直在等待鲍勃发令，似乎过了漫长的一段时间。因为他已经交代得很清楚，我们只能在他射出第一支箭之后才能射击。

但是什么事都没有发生。我很纳闷，他到底在等什么呢？

最后，他慢慢地松开了弓弦，放下了手中的弓箭。我们都很困惑，"咔嗒"一声扣上了保险栓，放下了我们手中的来复步枪。那头公麋鹿挥动尾巴发出信号；那两头麋鹿和几头幼崽一阵狂奔，逃进了密林。最后，那头雄壮的动物自己也转身走开了。

鲍勃沿着长长的小道从我们身边走过，朝着停放汽车的方向走去，一路上，他没有说过一句话。后来，当我们停下来喝点饮料、吃些点心的时候，他终于为我们做了一个解释。

"孩子们，我们是来狩猎麋鹿的，"他说。

我们点点头。

"我们达到了自己的目标，"他继续说。"我们发现了那头麋鹿。事实上，我们找到了一头作为战利品的雄鹿。那头雄鹿的头是否被挂在某个地方的墙上，对我们来说没有什么区别。但是我们会永远明白，如果我们朝着它开火，那么我们肯定能够得到它。"

他停顿了一下，接着说了我从前听他说过的一句话："我们不必赶尽杀绝。"

他先让我们思索消化，然后补充说，"那头雄鹿令人难以置信的勇气和无私的态度拯救了它。它本来可以狂奔逃跑，那样可能会救下它自己的生命。但是相反，他选择留下来，作为首要的目标，从而使其余的可以存活。"

"你能相信他说的吗？"一个伙计发出一声惊呼。"那是我见过的最令人惊讶的事情。"

"这是《圣经》信息中一个绝妙的例子：'人为朋友舍命，

人的爱心没有比这个大的 ①。'"鲍勃总结道。然后，他拿起弓，沿着那条小道返回。

我们回到了儿童之家，没有任何战利品，但是这次经历为我们留下了永远难以忘怀的宝贵记忆。

那天深夜，我想到了鲍勃曾经谈过的那种爱。可能除了吉姬，我无法想象任何人会如此充分地关爱他人，以至于为别人舍弃自己的性命，更不会为我。

~~~~~~~~~~~~

最后，要说说马文。

他早就是我的社工了，但是，他在我的生活中开始成为重要的人物，我不能用一个具体的词汇来表达他的重要性，而且也不愿意承认他的重要性。

用我们青少年平常喜欢的嘲讽挖苦，我们这些家伙都称他"阿飞狗"，那本来是一部动画片中的角色，名叫"失败者"，它总是通过笨手笨脚的方式得到营救。当然，马文比我们所说的要聪明得多。

马文以他的耐心和勇气，教我怎么驾驶他的普利茅斯汽车，那是一辆独特的车，需要用一个按钮齿轮换挡。他还英勇地战斗，引导我穿越青春期的惊涛骇浪。

---

① 引自《约翰福音》15∶13。

马文面临的最大挑战，还是曾经困扰我多年的挣扎。

我以往经常感到奇怪，我到底做了什么事导致了我的父母决定不再抚养我；后来，我虽然心神不安，但是相信那是他们的问题。但是我仍然面临着自己的命运何去何从的挑战。在一次咨询辅导谈话中，我终于向马文问了这个问题。

"难道我注定要像我的母亲和父亲那样走向疯狂吗？"

这不是一个随便说说的问题。这就如同我想成为一个幸存者而且过上正常的生活一样，我仍然觉得对于我的未来没有真正的希望。

"从遗传基因的角度来讲，我会像我的父母一样吗？"我不止一次地这样问过马文。"我母亲的大脑不管用了，我也会像她那样吗？我应该尝试做好准备，想到有一天我会成为疯子吗？我也会流落街头、住进过渡疗养院或者精神病院吗？"

马文努力让我确信，我的生活经历不会成为我父母行为和反应的翻版。即便我提到疯疯癫癫的宝莲，把那团乱麻变得更加复杂，他仍然坚持认为，我的未来也会与我的过去不同。

"罗比，你注定不会像你的父母或者宝莲一样，"他向我保证。"但是，你必须学会如何应对生活的挑战，控制你的沮丧情绪和怒气。你不要老想着那些不好的事情就要发生，并且等着所有的厄运临到你的身上。在你前面有着美好的生活，只要你去选择接受它。"

他的话令人难以置信。我不敢碰触未来，我不敢奢望，我童年的每一个希望都被击得粉碎。没有任何证据表明马文知道他自己到底在说什么。

有一天，我问他："人们如果看不到希望，又怎么能相信它呢？"

马文长舒一口气，然后尝试用不同的方法对我解释。

"好吧，罗比。如果你说中了，又会怎么样呢？如果你注定会像你的父母一样，又会怎么样？然后你打算怎么办？"

他坐在椅子上，往后靠了靠，可能以为他已经使我震惊得说不出话来。

从来没有人费心来问我这个问题，但我早已经有了答案。我不动感情，冷冷地直视着他，说道："我要保证决不生孩子，让他们经受我所面对的困境。"

马文目瞪口呆，没有反应。

那次谈话就这样结束了。

问题讨论

1. 对于这些努力要给罗比带来积极影响的男人，你是怎么看的？他们的平凡之处在于什么？特别之处在于什么？

2. 为什么缺少父亲的男孩儿和女孩儿需要导师？你可以为

周围的人做哪些引寻?

3. 罗比问马文问题,却不愿意相信答案。他的问题是什么?
   罗比为什么不能接受答案?

第十五章　叛逆者

1968 年秋天，我成为一名高中新生，趾高气扬地穿过校舍那一道道门庭和走廊。当时，两种心态稳稳地盘踞在心头，一是"我不在乎"，二是"别惹我！"。

初中的社会等级制度为我留下了耻辱，我连自己喜欢的孩子们都无法亲近，只有疏远。我们"儿童之家的孩子们"无论多么努力，也都无法打入上层社会的圈子。

八年级的时候，我喜欢的一个女孩告诉我，她不可能成为我的女朋友，因为她父亲不喜欢来自儿童之家的孩子。所以我只好停止和她交往，不再为此努力。这样的孩子根本就没有办法去乞求别人，使自己被接纳。

我在走廊和餐厅里经常听到冷嘲热讽的评论，看到有人对我侧目而视，我非常生气，但是我把愤怒咽到肚子里，从那些冒犯我的人身边走过，如同我根本不知道他们的存在似的。我告诉自己说：我根本不在乎这些势利小人。他们多么愚蠢、残酷、微不足道。如果我不允许，他们就不能伤害我，当然我不会给他们机会！

自我隔离使自己受排斥的痛苦得到缓和，但这样做并没有平息我的愤怒。我的挑衅会招来打架斗殴，但是这样往往会为我找到理由，来激怒并伤害某个家伙，让他别以为他能对我摆出一副盛气凌人的架势。

体育运动成了我发泄压抑情绪和消耗生理能量的一个出口。越野跑步、打篮球和田径运动都能帮助我排解压力。我终于感到自己也有了一定的位置；即使只是作为一部小机器上的一个齿轮，我也会有良好的感觉。

我能在五分钟之内跑完一英里（1.6 公里），因此我有资格参加当地的体育赛事。我显示自己力量的机会到了！春季比赛的前一天，一个瘦小的、爱捣乱的高年级学生和他那个强壮、少言寡语的伙伴把我挤到更衣室的一角。

"嘿，走运的高手，"那个臭嘴一边使劲把我推到衣橱那里，一边对我大声叫嚷。"我不在乎秒表说你跑得多么快；反正你参加这个队还不够资格。你以为自己是什么超级明星，但你还差得远。现在该有人要给你点颜色瞧瞧了！"

我可以断定他打算教训我，所以我使劲地盯着他，让他感到局促不安。那个臭嘴却冷笑着宣布说："我要打你个皮开肉绽，措手不及！"说完，他一把抓住我，试图把我扭翻在地。

为了避免被打得皮开肉绽，我必须鼓起勇气，背水一战。我从经验中知道，他想重击我的腹部，使我的皮肤血迹斑斑，伤痕累累。那种疼痛会使人觉得如同火烧火燎。

我奋力挣扎，直到那个蠢货——他的伙伴抓住我的胳膊，一把拧到我的背后。当那个臭嘴拉起我的球衣之时，说时迟那时快，我一个倒踏脚踹向那个蠢货，使他跌进身后的衣橱里。我趁势用他作为垫板，抬起双腿，狠狠地踢踏那个臭嘴的胸口。他猛地撞到一排衣橱上，撞出一个凹痕，倒在那里喘不过气来。

我把那个蠢货扭在地上，跳起来落在了他的身上。我一边踢那个臭嘴，一边用头使劲把那个蠢货撞到地上，但是他不愿松手。臭嘴最后坐在我的腿上，紧紧地扣着我。

他们的人数和体重都使我寡不敌众，我吃了败仗。那是我一生中腹部被打得最惨的一次，疼了好几天。

不过，当我无意中听到那个臭嘴抱怨他的肋骨疼痛，看到那个蠢货服用阿司匹林治疗他长达一周的头痛，我的心中也感到有些惬意。此后，校园里就传出这种说法：如果你想打赢米切尔，你最好至少带上三个家伙。

这些城里的恶少们似乎并不明白，我不是那种他们可以随便推来搡去的普通孩子。多年来，我一直和那些比他们还坏的欺小凌弱的恶棍们生活在一起。我的信息响亮而又明确：只要给我一点点理由，让我知道我可以伤害你，我就不会退缩。

臭嘴再也找不到其他高年级学生，来帮助他和那个蠢货继续向我发起进攻。不久，我似乎被许多自己惹的麻烦所困扰，就连那些正派的孩子们也被拒之门外。

　　参加体育运动虽然能为我提供一个发泄情绪的出口，但同时也为我带来了另外一种痛苦。

　　当我们到外地参加球赛或者田径比赛时，我们的团队往往返校很晚，有时候过了夜间 11 点才能回到学校。许多运动员的家长会在那里等待；其他住在城里的学生会开着自己的车回家，并让他们的朋友们搭车一起回去。我们"儿童之家的孩子们"从来不包括在任何一组里面，因此我们试图迅速地溜走，使人们觉察不到没有人等着要接我们。

　　约翰·史密斯是一个和蔼可亲的人，他是高二年级的篮球教练，善于精确地长距离投篮，令人惊讶。他一直忙于应付我。比赛时，我的能力有余，可以做首发队员，也可以做第一个替补队员，但我那好斗、争强好胜和过于自信的态度并不符合他那绅士风度的球风。

　　许多其他球员的父母并不和我计较，但是对我来说无济于事。我留着 20 世纪 60 年代的"叛逆"发型，我们这个保守的农业小镇的成年人对此并不欣赏。有几个人当着我的面叫我"长发嬉皮士无赖"。他们不仅想让我退出先发阵容，甚至想让我干脆退出球队。

　　我的回应则是：我要让自己的头发长到齐肩，就像我并不尊敬的绰号"手枪"的篮球偶像皮特·马拉维奇①一样。如

---

① 皮特·马拉维奇（1947-1938），美国著名篮球运动员，绰号"手枪"，1970 年获全美大学最佳球员称号，两次入选 NBA 最佳阵容，四次当选 NBA 全明星队员。1986 年，马拉维奇入选美国篮球名人堂。

我所料，我的做法真的引起了那些家伙的注意。我很喜欢刺激一些不拿我当回事的家长，他们既不让我和他们的女儿约会，也不让他们的儿子和我一起出去闲逛。

"让他退出比赛，直到他剃掉那些长头发！"比赛时有人通常会这样高声喊叫。

"换一个好孩子上去。"球场的另一端会发出这样的呼声。

有一次，一场比赛过后，一个人手里拿着一张一美元的钞票，走到我面前，对我说："小家伙，给你的，"他冷笑着说。"拿去，理个发。"

我看着他的眼睛，回答说："先生，你可以给我钱，但是我不想去理发。"他使劲地把那张钞票塞回他的口袋，满脸怒气地扬长而去。

有些队友也不和我站在一边。两名先发球员都是和蔼可亲的伙计，他们只是劝我"柔和一些"，但是另外两个人却对我恨之入骨。这种感觉是相互的。他们不想让我上场，他们的父母则通过高声喧嚣表达了出来。

无论我多么努力尝试去改善自己，那些嘲笑声仍然伤害着我。最痛苦的伤害还是来自那些啦啦队的队长们。

开场前，她们经常为教练欢呼："加油，加油，约翰加油！"然后每个啦啦队的队长就会加上一个先发队员的名字，为他加油。但是在该我上场的前三场比赛中，那个应该喊出我的名字的啦啦队队长，却喊着一个替补队员的名字，她认为那才是该先发出场的队员。

她这样做了三次之后，我问那个女孩："你为什么不喊'罗比加油'？"

"你不应该上场，更不用说作为首发队员了。"她厉声说完，转头就走开了。

尽管嘘声阵阵，我还是坚持了下来。但是，在1970年的那个秋天，当我在高中三年级成为校队队员时，本来应该成为我自豪之源泉的荣耀却变成了一场噩梦。

那个曾经把我的屁腹打得皮开肉绽的臭嘴，当时已经是高中毕业班①的学生了。他仍然对我恨之入骨，他也希望其他人恨我。

我和校队的教练每天都发生冲突。能力使我加入球队，但是我的态度却使他想逼我离开。训练时，他经常会让我比别人多做两倍。事情变得非常糟糕，甚至一些球员无法忍受眼睁睁地看着这个家伙如此做事。

当然，我有态度上的问题。但是显而易见，那个教练试图让我的生活变得如此悲惨，使我最后不得不退却。

唯一真正了解我的人乃是保罗，一个来自儿童之家的伙伴。他八岁那年来到小男孩班，那时我九岁。

---

① "高中毕业班"即高中四年级。美国的高中教育大多为四年：高一（Freshman，相当于中国的初三）、高二（Sophomore，相当于中国的高一）、高三（Junior，相当于中国的高二）、高四（Senior，相当于中国的高三）。

保罗参加了美式足球队和摔跤队，所以在秋天和冬天，我们经常一起走 1.6 公里左右的路回儿童之家。"他是在虐待你，"保罗在那些步行的途中会这样说起那个教练。"你为什么不退出呢？你不需要这个废物。"

"是的，我知道。"我回答说。"但是没有办法，我不打算让教练得逞，从逼我离开的过程中获得乐趣。我会让他知道我不是懦夫。只要他能乐此不疲，我就能够坚持下去。"

在那些冬天的夜晚，我们冒着严寒走回儿童之家。有时候，我会看一眼欧几里德大街上那些两层木屋窗户里映出的画面。我会看到一些名副其实的家庭围坐在餐桌边，面带微笑，吃饭喝水，享受并理解一种接纳和归属的美好感觉。

显而易见，到目前为止，那是一种我永远都不会找到的东西。

问题讨论

1. 罗比心中的哪些东西是"正常"和"普通"的孩子无法了解的？

2. 想一想你的邻居、教会里的朋友、工作上的同事或学校里的同学，他们有着哪些不为人知的伤痛？要想理解他们，你要采取的第一步是什么？

第十六章　一个失落的寒假

像往常一样，我读高三的那个寒假季节充满了酸甜苦辣。

餐厅里回响着圣诞音乐，装饰一新的圣诞树使那个地方喜气洋洋。这个季节有电视特别节目和学校演出，工作人员还带着我们到教堂去观看节目，这些都提供了娱乐，改变了我们的生活节奏。但是，所有这些东西都发出异口同声地呐喊：快乐，快乐，快乐——家庭，家庭，家庭！

像我们这样的孩子即使享受那些娱乐表演的乐趣，也经常会在节日的庆祝之后熬过漫长而又黑暗的夜晚，在孤独中苦苦挣扎。

十二月里，几个教会团体到儿童之家访问。他们在舞台上表演节目，唱圣诞节颂歌，甚至在我们的小体育馆里和年龄较大的男孩子们一起打篮球。

我们喜欢击败这些城里来的人，也非常愉快地接受他们赠送的礼物。但我们大多数年长一些的孩子总想问他们："你们这些人在今年其他的日子里都在哪里？十一个月以来，我们都是弃儿，然后突然之间我们都成了特殊人物，为什么？

难道你们不能轮换着来，使我们一年到头每个月都至少可以见到你们一次吗？"

我没有大声发问。还有一年半我就要高中毕业并进入真正的社会了，在这之前，这个问题对我来说再也不重要了。此外，我还能记得，当我住在小男孩班的时候，节日的拜访一直是一种享受。我不想毁掉现在这些小孩子们的圣诞节享受，他们需要特别的关注。

圣诞节也意味着互赠礼物。这在过去对我是个挑战，但是现在我已经有了一些钱，能买得起一个很好的礼物送给吉姬，我也还是没有随意给她买礼物。随着我变得更加富有，她却变得更为穷困了。寒假季节加重了她的预算负担，因为她不仅要花钱给我买礼物，还要替我母亲给我买个礼物。

如果我买给吉姬的礼物比她送给我的贵重，我知道她会局促不安。所以，我会给她买一条蕾丝手帕，或者从廉价商店给她买一瓶香水。收到我的礼物后，她总是大声喊出来，仿佛那就是她向圣诞老人要求得到的珍品。

尽管如此，能把辛苦赚来的现金攒起来，到用的时候能从中抽出一叠来，还是感觉特棒。其他孩子大都身无分文，他们甚至不能为自己所爱的人买一个简单的装饰品。在圣诞节，这样的贫乏为他们脆弱的自尊心带来了新的打击。

当儿童之家的孩子们谈论想给人送礼物的时候，他们总是首先想到自己的母亲或者祖母。对于大多数像我们这样的孩子们来说，父亲几乎不存在；少数露面的爸爸通常也都很冷漠。

对那些年龄小一些的孩子们，我没有给他们任何人钱去买礼物。如果我有所表示，六十双空空的小手都会马上伸给我。因为我无法满足那么多人，所以我就一个也没有满足。

辅导员们竭尽全力，不愿意看到我们有人在圣诞节的前夕和早晨还不得不留在儿童之家。当他们极尽所能，也无法让孩子们去亲属的家中过圣诞，他们就会说服当地的家庭接待他们。我以为对于这样的孩子们来说，一起待在儿童之家的境况会更好一些，因为那样就不会觉得自己是在干扰别人家的节日庆祝活动。

对于我们这样的孩子来说，寒假相当难过；我和吉姬一起度过了我的假日。这对我来说很有裨益。

与此同时，另一名成年人也开始影响到我的生活。

戴夫一出大学校门就到了我们中间来了，他比较随便地穿着白色衬衫，打着守旧的领带。他滔滔不绝地讲授课堂里学到的理论，谈论如何帮助我们这些可怜的不良少年。

我见过像戴夫这样的人来来往往。有些人在大学攻读社会服务的硕士学位，而我们就是他们的实地研究对象，许多人只是在消磨时光，另一些人则是逃避兵役，以免赴越南作战。

这些人的父母通常富有爱心，他们在舒适的家中长大成人，从来没有经历过我们所遇到的财物、物质和情绪上的困境。对于我们的敌意，他们完全没有准备。尽管他们希望通过真诚的努力来帮助我们，但我们还是很快就把他们收拾掉，把他们撵走，然后在他们离开时，我们觉得自己拥有强大能力而欢欣鼓舞。

戴夫到达时，我对着他窃笑，认为他不过是另一个新来的"白衬衫"而已。我们会为了他的钱陪他走一程，但是我们不会给他任何机会的。

戴夫比我们大男孩班的许多人都矮小。他身高约一米七八，重约 128 斤，戴着一副眼镜，好像随时会从鼻子上滑下来似的。

我们也以为他绝对无能。我们中的一些人打赌，看看最短能在多长时间把他撵走。我们大多数人都把赌注押在不到一个月的时间上。

由于赌注的推动，我们肆意辱骂攻击这个可怜的人。当他在这里的第一个星期结束时，他震惊得无话可说。他所在大学的社会工作课程并没有教他如何应付那种劈头盖脸而来的愤怒和无礼。

我敢肯定，他想呐喊，"嘿，伙计们，我到这里是来帮助你们的！别再胡闹了！"但是我们在自己的地盘上毫不示弱；我们不但不领情，而且根本就是充满恶意。

不知道为什么，戴夫仍然挺在那里。在短短的几个星期内，我们看到了转机。显然，他已经决定要在我们的虐待中生存下去。也许他已经迷上了我们，就像人们看到车祸时的感觉，既感到心有余悸，但无法移开好奇的目光。

不过更有可能的是，他只是陷入我们的污泥，但是为自己确立了一个目标。他似乎下定了决心，想方设法去了解我们。我们有自己的文化，而他则是力图适应的局外人。

我们那些打赌能在一个月以内把戴夫赶走的人输掉了自己的钱。他留了下来，始终如一真诚地证明他对我们真正的关心。我们不得不尊重他，这件事对我表明，并不是所有的成年人都是假货。

尽管受到戴夫的积极影响，我发现自己还是陷入了麻烦。随着篮球赛季的结束，我有了太多的空闲时间。没有任何东西能把那个黑暗的阴影推开。

教会活动并没有对此发挥作用。礼拜天早晨，我们被迫到教堂参加敬拜，礼拜天晚上又要参加青少年组的活动，但是这一切都对我影响甚微。我用大部分时间试图把一个女孩领到黑暗的角落，只是为了一个短暂的接吻；或者自作聪明，想方设法使大人苦不堪言。

不久，我更进一步跌入一条反社会的玩世不恭的轨道。我开始涉足酒精和大麻。我从来没有买过大麻，但是另一个伙计买过。我们一有机会，就在一起抽烟。

如果不是因为非常害怕被抓住，我可能会在毒品中陷得更深。八岁那年在芝加哥奥迪之家熬过来的那二十四个小时，是我永远不想重复的一场噩梦。

　　尝试吸食毒品有一部分是出于反叛的心理，同时也是为了短暂地缓和我心中的疼痛，那种疼痛愈演愈烈。像许多我认识的男孩子们一样，我也开始认为，我受伤了。我看不到这一伤害能得到任何安慰。既然我伤得这么厉害，那么其他人也应该受到伤害。

　　我不想越过那条线。但是我慢慢地战败了。

　　在我高三结束的那年，我的生命之河在绝望的深谷中漫无目的地流淌。似乎再也没有任何值得我们在乎的事情了。

　　那些峡谷的悬崖峭壁巍然耸立，阻挡了我的视线，使我看不到希望犹存——她并没有离我而去，而是正在计划一些我从来都不敢想象的美妙的事情。

问题讨论

1. 罗比为什么不喜欢圣诞节？

2. 戴夫对儿童之家的青少年男生的第一反应是什么？他们如何对待他？你认为是什么让戴夫坚持了下来？

3. "既然我伤得这么厉害，那么其他人也应该受到伤害。"这句话能给你带来什么帮助，让你看到社会中暴力行为（特别是青少年暴力）的源头？

第十七章　救生员

我高中三年级之前的那个夏季飞逝而过；就在那个夏天，我终于得到了一些好消息。威斯康星州日内瓦湖畔有一个"圣约海湾教会"的露营地，我设法在那里找到了一份工作，担任救生员和游泳教练。

我以前去过那个营地；我们所有渴望能像在家里一样安逸的孩子们每个夏天都在那里度过一个星期，我们的活动包括学习游泳，耐着性子参加完《圣经》学习。后者并没有对我产生多大影响，但前者已帮助我为这个夏天的工作做好了铺垫。在普林斯顿游泳池的游荡、与斯沃尼和那些伙计们的独木舟之旅也对此大有帮助。

现在轮到我为其他孩子担任救生员和游泳教练了。

我想，这一定会很不错！一整个夏天我都会离开儿童之家去追女孩！

要说我对前景激动不已无疑是低估了我的兴奋度。善于狩猎的鲍勃曾经提到，许多的雌性动物为了引起雄性的注意，都会释放一种气味。我不知道人类的年轻姑娘们是否也会释放香味吸引人，但我确实知道，一些女孩子远离她们的父母时，都明确表示她们对浪漫爱情感到有点儿兴趣。我一直在搜寻那种姑娘。

营地的工作人员还不习惯我这样有棱角的人。虽然他们没有把我送回儿童之家，但是也没有容忍我这样的卑劣之徒。

员工中有个女孩子告诉我："我们不会用那样的语言说话。"

"罗比，我们爱笑，但是不喜欢那些卑鄙下流的笑话。"

她们的信息非常明确：任何出格行为都会给你带来麻烦。这些说法使我很恼怒。毕竟，那会使我的暑假日程变得漫长难耐。

尽管如此，我很喜欢与小孩子们密切合作。每个星期天大约有一百个儿童到达营地，被分配到各个小木屋里，每个里面可以住八个孩子和一个辅导员。我们有几个星期接待前来露营的小学生，有几个星期接待上初中的孩子，还有几个星期接待高中生。

白天的活动包括手工艺和运动。从清晨到下午三点左右，我忙着给他们上游泳课，或者做一名救生员，或者教他们怎样驾驶独木舟和帆船。

晚上并不是没有乐趣，但是《圣经》学习、演讲和团体的歌唱似乎占据了大部分时间。我感到很不舒服。营地的大多数工作人员都很平静、快乐而且充满希望——这些特征与我的世界格格不入。

那些大学年龄的辅导员对于他们"属灵的成长"非常兴奋，并期待着他们的美好未来。但是，他们所效法和所谈论的榜样，都与我无关。他们积极的生活态度虽然吸引了我，但是我的自我防御和傲慢心理拒绝了这一切。

我满腹牢骚，他们当然为自己的生活感到兴奋不已。他们怎么会不兴奋呢？他们谁也不住在孤儿院，谁也没有疯狂的父母。

有一个传道人的女儿金发碧眼，她到营地来做一个星期的志愿者。就在见到她的那个瞬间，我可能有过的任何寻求属灵事情的兴趣都消失了。我的眼睛鼓得大大的，我的血脉贲张，我的荷尔蒙进入高速运转状态。

有些女性工作人员感觉到我在那个姑娘身边徘徊，便警告她，说："他是个色狼，不要相信他。"

一天晚上，她们中的几个人埋伏在一个地方，拦住我："小子，听好了！"她们的头儿在我的鼻子前面摇晃着手指，威胁道："你要是做出任何非分的事情，我们让你吃不了兜着走！"

我才不管那一套呢！目标人物只是打算在这里待一个星期。我已经把她锁定在我的视野中，猎艳行动已经开始！

尽管受到警告，这个女孩并没有对我置之不理。她虽然没有发出"我想鬼混"的信号，但是我相信她会是一个容易上手的猎物。

不过，我们有一次花了一点时间在一起，我就意识到情况并非如此。尽管她一直受到警告，但是她似乎并不觉得和我相处时有什么不舒服。她有一种我从来没有在任何人身上见过的气质。她那令人难以置信的平安的感觉让我感到惊讶。而且很明显，她知道自己是什么人，也没有感受到威胁的存在。

我想，这真是不可思议。任何一个心智正常的女孩子都会知道我的动机并不单纯。而她为什么没有拒绝我呢？

我们有时亲吻，但是我发现自己并不愿意去做任何非分的事情。从前，我从来没有关心过一个女孩子的名声，也没有关心过自己的名誉。她的清纯彻底征服了我，颠覆了我的计划。

她离开的前一天，我们在湖上一边划着独木舟，一边交谈。她说："请告诉我，你与耶稣的关系怎么样。"

我咕咕哝哝地说了一两句含糊不清的话，然后停下来。我不想欺骗她。"我还没有和他建立任何关系，"我坦诚地回答说。"我不相信耶稣。生活和上帝已经抛弃了我，留下我独自一人，我在尽全力做我能做的事。"

我以为她会感到震惊和失望；但是她没有。我以为她会对我变得冷漠，还会告诉我把她送到岸上去。她也没有。相反，她平静地听着我小心谨慎地为她讲述一些关于我童年的事情。

当我说完，她平静地说："你如果让上帝进入你的生活，也许你就会找到自己从未有过的平安。"

我极力反对，说道："这话你说起来容易。你有关心你的父母。与我所经历的事情相比，你的生活一直都是那么轻松愉快。"

"无论在什么情况下，上帝都关爱所有的人，"她回答说。"我知道你的生活一直很艰难，但是我们如果信靠他，就会得到美好的应许，以更好的方式生活。"

"是啊，"我一边嘀咕着，一边掉转船头，朝着岸边划去。

第二天和她的告别使我心碎。我需要从这个女孩身上得到更多的东西，得到她想要为我提供的平安。

几个星期以来，她的话一直在我心头萦绕。难道那会是真的吗？难道上帝真的关爱我这样的人吗？我左思右想，感到自己的作为似乎得不到他的眷顾。

我到底缺少什么呢？我对此感到惊异。她显然拥有内心的平安，但是我没有。大部分工作人员也有那种平安。但是，他们来自一个不同的世界。生活在那个世界中，我还不够资格。

我想起了她曾经告诉我的一些事。"上帝饶恕了摩西、大卫和保罗，尽管他们每个人都曾杀过人[1]。任何人只要真诚地请求被饶恕，上帝就会饶恕他们，不管他们做过什么不义的事。"

---

[1] 此处所提到的典故，摩西的部分详见《出埃及记》2章 11-15 节，大卫的部分详见《撒母耳记下》第 11 章，使徒保罗的部分详见《使徒行传》8 章 1-3 节，22 章 4 节。

如果上帝能饶恕那些人，也许他也会饶恕我做过的所有坏事，我这样想道。至少我还没有杀害过任何人。

在那个夏季余下的日子里，我的内心一直为这些问题而挣扎，但是没有同营地的工作人员讨论过。这是一个私人的心路历程。否则，许多人会热情地试图"拯救"我，而我不想被任何人弄得不知所措。

1971 年秋天，当我回到那个儿童之家，我第一次很惊讶地发现，我的卧室已经被分成两个较小的私人房间。作为学长，我终于有了一个自己的房间，还有了一个写字桌，那里所有的抽屉都是属于我的了。

我花了一些时间来适应那里寂静和不受干扰的独处生活。但是我会珍惜它。

问题讨论

1. 罗比在教会营地的计划是什么？

2. 根据罗比在独木舟里对女孩儿所说的话，他对上帝的感受如何？你认同这样的看法吗？为什么？

第十八章 难道你是真的吗?

多年来,我们这些来自儿童之家的孩子们总是会被连拖带拉,送到普林斯顿的教堂和主日学教室中去。诺拉已经为我们读过许多圣经故事。每次吃饭前总要祷告。但是对我来说,似乎没有一样至关重要。

这一切听起来都像一堂无聊的历史课,或者像一系列与我的生活没有任何关联的传说。我更感兴趣的事还是那些青少年活动,或者是在教会敬拜活动期间看看我是否能把女孩子们逗得哈哈大笑。

但是不久以前我遇到的那个同龄的女孩使我难忘,她的说话和行动竟然那么迷人,我就是希望成为像她那样的人。从那以后,我想也许是时候了,我应当认真地读一些她谈过的《圣经》中的"耶稣的章节"。在我新建的私人房间里,我终于可以捧起那部曾被我塞到抽屉最下方的《圣经》,并且开始阅读;我再也不必寻找理由为自己辩护,也不用避讳那些室友的冷嘲热讽了。

当我开始阅读《圣经》的时候,有几件事情引起了我的注意。

这个人饿了、渴了、累了，他甚至弄脏了自己的双脚。我从来没有想过这样的问题。

他自己信赖的那些人辜负了他的希望。我知道这是什么感受。

后来我读到一句经文，真把我吓了一大跳：这人说他就是上帝。

他有些胆量。他不仅声称自己认识上帝，或者只是上帝的一个孩子。他还自称上帝。

显然，这种说法使那个时代的宗教领袖非常反感，导致他们制定了一个一定把他除灭的计划。我的生活一直很艰难，但是至少没有人设计陷害我。

那个"白衬衫"戴夫一直坚守在那里，当他看出我的新兴趣，就借给我一本 C·S· 刘易斯的著作《返璞归真》①。"作者是一位知识分子巨人，他成为基督徒之前是一个无神论者，"戴夫说。"他研究了基督教这个主题，你可能会喜欢他的逻辑推理。"

---

① 《返璞归真》（*Mere Christianity*，又译《如此基督教》），是 C.S. 刘易斯（又译"鲁益士"）1952 年的著作，基于作者 1941 年至 1944 年的广播谈话内容编辑而成。原书名含有"不折不扣的纯净基督信仰"之意。作者是威尔士裔英国知名基督徒作家、护教家、思想家，曾任剑桥大学中世纪与文艺复兴期英国文学讲座教授。他以儿童文学作品《纳尼亚传奇》闻名于世，此外还有神学论文、中世纪文学研究等诸多著作。

我发现，刘易斯经过大量的研究和思考之后，明确表示，一个聪明的慕道友一定要在以下三个结论中选择其一：耶稣要么是个疯子，要么是个谎称自己就是上帝的骗子，要么就真是他所声称的那一位。

就像刘易斯所说的那样，看来我必须做出一个是非分明的决定。没有中间地带可走；我要么选择和这位耶稣在一起，要么站在他的对立面。

这个人声称他就是上帝。如果这是真的，我最好要留心。如果他不是，那么他所说的一切就必定是一个疯子的狂言乱语，就像我母亲发出的咆哮一样。

我心里已经十分清楚，没有必要从一个疯子那里学什么。

我回到《圣经》，继续阅读。

我从经文中读到，耶稣也愤怒过，这使我感到惊讶。愤怒是一种我很熟悉的感觉，但是他的愤怒和我的不一样。

我们都对假冒为善感到愤怒；我喜欢这一点。民众的拒绝使他忧伤；我也为自己不被他人接受而沮丧。但是，他的忧伤并非由做在他身上的事引起。那是因为世人甚至不愿意考虑上帝到底对他们有什么样的计划。

我不能确定上帝对我有什么神圣的蓝图。但是我不得不承认，如果有一位宇宙的造物主，那么明智的做法就是发现他是否有一个计划，如果真有，就要遵循。

我注意到耶稣经常谈论永生。我更为二十岁以后的生活感到担忧。然而，我不禁这样想：如果死后还有永生，那么我要是改变自己，还会有希望吗？

耶稣说上帝的灵能进入我的内心，并能改变我的生命。上帝的灵那么了不起，怎么能装进我的身体，进入我的内心？我怎么能相信自己看不到又摸不着的东西？

有那么几天，这样的争论在我的内心里翻腾。然后，我渐渐理解了一个观念。我有一个血肉之躯，它包含了我看不到的三个部分：思想、情感和意志。我的理智经常告诉我，我不够聪明，上不了大学；我的情感则说，一个从孤儿院出来的孩子不配去上大学；但是我的意志进行了还击，坚持认为我能去上大学，能获得成功，我的未来会和我的童年截然不同。

所以，如果思想、情感和意志是看不到又摸不着的东西，但是又能够非常真实地住在像我这样的孩子里面，那么有没有可能，上帝的灵也许——只是也许，也能够住在我里面呢？

这一切都很难理解。在我的大脑中激烈竞争的这些概念彼此冲突。我需要征询别人的意见，以帮助我理清头绪。

戴夫为我指点迷津，帮助我走出了困惑。他让我和他闲谈，而不是对我说教或者教导。他认真地听着，时不时地提出一个问题让我仔细想一想。有时，我似乎因为进行如此艰难的思考而感到头疼。

我不断阅读圣经，注意到耶稣说的话：盗贼来，无非要

偷窃、杀害、毁坏；而他来了，使我们可以得到"丰盛"的
生命。我们对偷窃、杀害、毁坏这些事都司空见惯。对我来说，
一个正常童年的一切都已经被偷走，被毁坏了；对正常未来
的所有希望也在很久以前被扼杀了。

但是今天，耶稣实际上正在为我——也为身处其他痛苦中
的愤怒人们提供更美好之生命的希望吗？这听起来令人震惊。

毕竟，我是个没有前途的人。再过不到一年，儿童之家
的工作人员就会递给我一张单程汽车票，让我带着他们的美
好祝福，驶往自己选择的目的地。事情无非就是如此。

一想到我就要独立生活，没有直系亲属的陪伴，也没有
可靠的经济资源作为后盾，我就感到不寒而栗。读大学是一
种可能，但是我没有把它视为一把开启美好生活的金钥匙。
我的父母都上过大学，但是他们的生活都糟透了。

但是我坚信，我必须找到一条路，避开那个使儿童之家
其他孩子们深陷其中、不断失败的恶性循环。我真的愿意相信，
我能摆脱糟透了的童年阴影。这位耶稣真的能改变人生吗？

以往，当我读到《圣经》中关于耶稣医治瘸子、瞎子和
聋子的章节时，我通常都会一带而过。我想，那些事指的肯
定不是我。我是一个能参加三项体育运动的选手！但是有一
天，戴夫的话使我一下子愣住了。

"罗比，也许生活会使你的情感变得残缺不全，难道不
是这样吗？"他问。"在你一直阅读的经卷中，你会不会就

像其中那些顽固不化的人？你的骄傲是否会使你对上帝的应许熟视无睹？你在训练营地时，一些人对你说过耶稣在他们的生活中至关紧要，而你不敢相信他们，这种恐惧会不会让你对他们的话充耳不闻？"

我请求他给我点时间，好好去想一想他那些令我不安的问题。

我承认，营地的那些工作人员确实与众不同。也许我早就应该听听他们说些什么，而不是因为妒忌他们那安逸幸福的童年而不予理睬。

在我们的下一次交谈中，我告诉戴夫，我还没有找到答案。"还有什么别的问题我应该好好考虑呢？"我问。

"罗比，告诉我，你怎样解释那些最亲近耶稣又看着他死在十字架上的人？他们埋葬了他的身体，然后宣告他不在坟墓里，而是复活了，正如他所应许的那样。后来，这些人几乎都受尽折磨，并且被杀害，就因为他们告诉所有愿意听从他们的人，说耶稣已经从死里复活。"

我耸耸肩，说："戴夫，我不知道他们是否在撒谎。但是我敢肯定，像我这样的人，你找不出十一个门徒，只是为了跟世人开个玩笑，竟然愿意遭受折磨、经历可怕的死亡。"

戴维点点头。"那不是玩笑。耶稣从坟墓里复活之后，有五百多人声称他们亲眼看到了复活的耶稣，你读过这些章节吗？他们都不是耶稣的亲密朋友，也不是他的门徒，他们只不过是一些普通的人。但是，他们耳闻目睹和内心所感受到的一切，可以肯定，都确实改变了他们的生命。"

他看到我没有回答，就让我沉思了一会儿。"罗比，一定要坚持下去。在我们的生命中的某个时刻，我们都会面临这个抉择。而且我们不得不独自面对它。"

我们下一次交谈的时候，我告诉戴夫："我知道，如果一个小孩子不服从他的父母，那个孩子就应该道歉并请求原谅。我也知道我过去说过和做过《圣经》不认同的事情。但是我想不通，上帝从来都没有帮助过我或者我的父母，我为什么还应当向他道歉呢？"

戴夫想了一会儿，回答说："会不会是你的父母心肠太硬，妄自尊大，而没有转向上帝寻求帮助？你会不会也是由于自己的骄傲和愤怒而使自己的心肠变得坚硬？你已经受到那么多次伤害，使你不敢去相信。"

然后他问了一个使我痛心的问题："你会不会是因为对自己的生身父亲的看法太差了，而不愿意承认上帝是一位属灵的父亲？"

一些事情正在努力打开我内心紧锁的大门，这种事情并不安全。为了竭力使那一道道门户保持紧闭状态，我说我还需要更多的时间去思考。

戴夫所说的话在我的脑海中萦绕了好几天。最后我意识到，这一切都可以归结为一个问题。

对于这个耶稣，我到底该做出怎样的决定？我要把他作为一个像我母亲一样的疯子加以拒绝，还是要义无反顾，为了希望再一次伸出手去寻求帮助，并且接受他作为我的救主，就像他所说的那样？

在 1971 年 9 月的一个下午，当我 17 岁的时候，我做出了一个决定。

我的卧室太小，没有转身的余地；但是就在那个小房间里，我双膝跪下，祷告说：耶稣，如果你是真实的，就请你进入我糟透了的生命之中。求你饶恕我的罪，改变我的生命。

如果你真的改变了我，我就永远属于你。

如果你不改变我，你就不是真的，就是一个笑话。

我的祷告并没有完全遵照福音布道家葛培理原本提过的建议。

我没有听到天使合唱团的演唱。我也没有倒在地上打滚，进入那种魂游天外的狂喜状态。

但是不知何故，我终于明白，尽管我的信心还很软弱，但是就在那一瞬间，主宰宇宙万物的上帝已经深入到我的内心，我生命中的一些事情已经发生了变化。

多少年来，我第一次迫不及待地盼望着看到下一步将会发生的事情。

问题讨论

1. 你有没有听到别人提出过罗比在这一章里所问的属灵问题? 倘若有的话，结果是什么?

2. 罗比对生身父亲的看法对他在属灵上的挣扎产生什么影响?

3. 罗比认为一切归结为一个问题，这是什么问题?

4. 罗比在祷告后没有经历什么? 尽管如此，他知道发生了什么事情?

第十九章　新的开端

如果这是一个新的起点，我对它并没有把握。

一方面，我的好斗仍然是一个难题。大男孩班的长幼强弱次序使那些最强硬的家伙们占据了支配地位；作为一个比自己同龄人更强壮、资格较老的人，我不应该受到任何心智正常之人的挑战。不过，一些"和我一起坐牢"的家伙简直就是神经病。

偶尔，一个特别的家伙会来试探我。我不会揍他一顿，而是使劲地胳肢他，直到他哭喊着叫"大叔"求饶。我的对手至少不会因为被胳肢得发痒而疼上一两个星期。

不幸的是，对另一个人也这样做就无济于事了。他很强壮，容易发怒，总想占上风，居支配地位。他经常欺负我。

有一天，我们唇枪舌剑，激烈争论，眼看着就要开始一场面对面的令人惊心动魄的搏斗。我敢断定他盼望我先出手，这样他就不会因最终的结果而受到指责。

我急于教训他一顿。那个"老我"迫不及待地要通过我的拳头显示自己肉身的力量。正如电影《蝇王》[①]中的拉尔夫和杰克在岩石城堡中的搏斗那样，有人肯定会受伤。

不过，我突然想起耶稣的话："有人打你的右脸，连左脸也转过来由他打。"我在原地转了几圈，然后走开了。我冲进自己的房间，"砰"的一声关上门，我因为没有把我的仇敌打得鲜血淋漓而很不开心。我抓起自己的《圣经》，一把扔到房间的对面。

我刚好错过了一个机会！我本来应该恨恨地揍一顿那个白痴，证明谁是老大！我没有把他打个鼻青脸肿，就说明我是一个傻瓜吗？我现在就需要一个答案！对我直说吧！

那本《圣经》落到了我的床上，打开着，却是翻过去的，背面朝上。*翻过来？* 我不知道这是否就是给我的答案。我希望能找到一段发泄愤怒的话，譬如说："冲出去，杀他一千人，让他们的血在田野中流淌。"

我把书翻过来。然后，我读到一节经文："回答柔和，使怒消退。"

这并不是我想听到的话。

我从前一直在挨打、被拒绝，而且陷入困窘的境地，但

[①]《蝇王》（*Lord of the Flies*），美国惊险影片，又译《童年无悔》，1963 年出品。由彼得·布鲁克导演。影片讲述一群少年因为战争被迫漂流到一座与世隔绝的热带小岛上，从此由天真无邪逐渐变得像动物一样野蛮，突显了希特勒式战争的恐怖，也表现出人类自古至今潜在的野蛮本性。

是很少谦卑下来。这本具有三千年历史的箴言讲述了柔和与自我控制中蕴含的智慧，阅读这些箴言使我震耳发聩，是一次使自己谦卑的美好经历。

我的愤怒逐渐消失。也许这本书根本就不是尘封的历史，也许它在今天仍然是实用的，即使对于像我这样的人也是如此。

我猜想，把一本《圣经》扔到地上，还朝着上帝大喊大叫不会是一个好主意，但是在我看来，这句谚语并不是偶然出现在我面前的。显而易见，上帝确实关心我，并为我送来一条信息。

那一天，我和上帝的关系变得更坚定了。我开始相信，宇宙万物的创造者确实了解我，如果我愿意提供机会，他就会愿意让我看到一种更好的方式。

我的生活似乎要以另一种方式进入一个新的开端。1972年早春，吉尔佛大学录取了我，我成为一名在秋季学期入学的新生。

在此之前，吉姬和我讨论过这种可能性。现在，我的一番话使她感到惊讶："和教会营地的一些朋友在芝加哥读大学会更容易，肯定也会更便宜。"

我列出了一个拒绝去北卡罗来纳读大学的明细表，吉姬在一旁耐心地听着。我说："去吉尔佛的奖学金只包括学费，所以我自己将不得不支付房租、膳食费用、日常用品、旅行和杂费。因为我父亲的残疾，我每月可以领取社会安全金，加上我在股票市场上的应变储蓄积蓄，都会有所帮助。但是我每周还是要工作至少 20 小时，还要节衣缩食来支付其他费用。而且，吉姬，那样我会离你太远。"

然后轮到该我惊讶了。"罗比，我要你到吉尔佛去，至少在那里待上一年，"她坚定地说。"为了我，你也要去。如果你一年以后不喜欢那里，我们会想一些方法让你在伊利诺伊州读大学。"

我吃了一惊。吉姬从来没有要求过我单纯为她做任何大事。我怎么能说不呢？

她说得对。距离不会影响我们的关系。作为一位 78 岁的老人，她赶到普林斯顿去看望我已经是弱不可支了，所以我们经常通过电话交谈。每隔几个月，我都会到芝加哥去看望她，有时会向她报告我和母亲见面的情景。原来，她一直鼓励我每年都要和母亲一起吃一两次午餐，尽管那是件很棘手的事情。我总是告诉她，我的母亲过得还好，尽管她实际上并非如此。到吉尔佛去读书会带来的唯一变化，就是要把更多的钱花在长途通话和远距离旅行上。

尽管我很讨厌到那么远的地方去，尽管我希望能与新教堂和营地的朋友们在一起，我最终还是同意接受奖学金去吉尔佛读大学，否则就是愚蠢之举了。

从那时起，当人们问我高中毕业后何去何从，我就会吹牛："我要到北卡罗来纳州上大学。"儿童之家大多数快要毕业的学生们，至少我认识的那些人，被问及同样的问题时，都只会能耸耸肩膀，然后咕哝着说："我不知道。"

就自尊心而言，能说我要去上大学确实是个巨大的鼓舞。但是，我突然就不敢再那样吹嘘了，因为我面临着长大成人的挑战。在短短的几个月之内，我真的就要独立了，谁也不能依靠。尽管我外形强壮，但是一想到这事，我就不寒而栗。

为了寻找鼓励，我又读了一遍布克·华盛顿的著作《超越奴役》。我从其中看到一段陈述："黑人青少年刚刚起步，就已经有了针对他们的假想。"

我觉得至少在某种程度上与他们认同。我一直处于孤立无援的状态，不是因为我的肤色，而是因为我的社会和经济地位。我就要进入一个成年人的世界，那里有很多人对我这样的人不屑一顾。如果其他大学生发现我是从一所孤儿院来的孩子，会发生什么样的事情呢？

也许我的股票投资组合会为我提供优势。我希望如此；显而易见，我缺少一些社交技巧，而大多数在家庭环境中长大的孩子们则对此驾轻就熟。这使我想起布克·华盛顿的成长经历，他小时候居住在一座小木屋里，没有室内厕所，也没有浴室，只能睡在泥地上。后来，他进入汉普顿师范和农

业学院 ①，即现在的汉普顿大学学习；在此之前，他也不知道多少社交礼仪。

和布克一样，我一直在为摆脱自己童年的苦难而努力奋斗。他成功了，我想效法他的榜样。

我还发现，布克的一个属灵训练就是每天阅读一章《箴言》和两章其他的《圣经》经文。作为一个男子汉、商人、丈夫和父亲，他发现《箴言》对于他胜任这些角色十分有益。因为他比我聪明，我认为自己也应该坚持照他的蓝图去做。

当我探索通向未来的方向时，我从一个意想不到的来源得到了另一个忠告。

这件事发生在我高三毕业前夕一个美丽的春天的下午。儿童之家有一位园丁和勤杂工，名叫托尼·马丁；那天，我和他一起默默地在院子里干活儿。他从来都是寡言少语。我对他知道的不多，其中一件事情就是在大萧条期间，他上三年级的时候为了帮助家人就退学了。

那天下午，托尼突然停了手中的耙子。汗水从他的眉骨上滴落下来。他转过身来，直盯盯地看着我的眼睛。

"罗比，我想告诉你一件事。"

---

① 汉普顿师范和农业学院（Hampton Normal and Agricultural Institute），由塞缪尔·查普曼·阿姆斯特朗（Samuel Chapman Armstrong）于 1868 年美国内战结束后不久在弗吉尼亚州创建，旨在为刚得到解放的黑人培养教师和农业技术人才。1930 年改名为汉普顿学院，1984 年改名为汉普顿大学。著名的黑人教育家 布克·华盛顿 16 岁时进入该校学习。

我瞪大了眼睛看着他。我在儿童之家待了十四年，托尼从来没有只是为了跟我说话而停下手中的活儿。

"罗比，我已经在这里工作了很长一段时间，我看到过数百名孩子来了，又走了。你是我见过的第一个大有潜力的孩子，你能成为一名医生、一位律师，或者成为其他行业的一名专家。所以，我只想求你一件事：当你成功了，不要忘记像我这样的人。"

我睁大双眼，不仅仅是因为老托尼哑着嗓子对我说的话，也因为从来没有人以那种完全坦诚的方式和我说话。

我一字一句，意味深长地说："托尼，我会记住这一时刻。我会真诚地努力，永远都不会忘记你，也不会忘记你这种处境中的人。"

"不会忘记像我这样的人。"他重复道。然后，他转过身去，继续沉默无言地耙地。

我明白他的意思。这是他说明每个人都有自己的价值的方式。这也是他说明那些"微不足道"的人具有感情、希望、梦想和需求的方式。

当我只希望能够生存下去的时候，他在我身上看到了潜力。他提醒我记住，一个曾经被社会抛弃的人是什么样子。

我想，我听到你的话了。我保证我永远不会忘记，被视为无足轻重到底意味着什么。

这样思考的结果，就是我心中的一些东西在慢慢地发生改变。但是我仍然怀着一种叛逆的、反社会的态度，这种态度也给我带来了问题。

在那个时代，许多美国成年人认为留胡须的年轻人都是反战示威者、嬉皮士、吸毒者或者与社会格格不入的人，我也留起了胡子。我的须发是金色的，虽然我的络腮胡子不容易被看出来，但学校和儿童之家的管理人员还是严厉地责备了我。

随着毕业的临近，我们五个毕业班的学生仍然留着胡须。其中四名是"城里的恶少"，他们受到自己父母和同伴的激烈反对。在毕业的前几天，那四个家伙把我逼到墙角，对我说，"米切尔，我们为什么不刮胡子？让我们都一起行动吧。"

"伙计们，"我说，"你们做什么对我并不重要。但是我不准备刮胡子。我们没有很好的理由非那样做不可。"

他们都剃光了胡子。但是我无动于衷。

当我沿着过道走上前去领取毕业证时，我的头高高抬起。当那些厌恶我的学生家长向我投来难看的眼色时，我反而有一种怪异的满足感。

在普林斯顿高中一百多年的历史中，还从来没有一个男孩是留着胡子毕业的。如果有人问我为什么选择首开先河，我可能会这样说："我真的不关心大人或者我的同伴会怎么想。再过几个星期，不论对我还是对我的未来而言，这些人不再相干。"

事实上，我内心的战争还在继续。在这场特殊的战斗中，充满愤怒和怨恨的"旧我"成了赢家。而"新我"还在苦苦地挣扎。

当我少年时代的最后一个夏天到来之时，我回到了教堂的营地。一切都显得与以往大不相同了。我并不完美，但是我也不再是一个"野人"了。前些年认识我的那些人看到我的变化都很高兴。他们意识到我正处在自己新生命的早期阶段，所以都十分关心我，宽恕了我的瑕疵。

夏天结束的时候，我去芝加哥看望吉姬，在那里住了几天。我们谁也不知道母亲在什么地方，这对我而言实在是无所谓。

吉姬和我告别的场面并不是很激动人心。毕竟，我会打电话给她，一年中也会来看她几次。我们拥抱的时候，她给了我一个预告和一个承诺："罗比，我还是想好好活着，打算在有生之年能看到你从大学毕业，看到你结婚。"

"吉姬，我向你承诺，保证不让你失望！"我说完，两个人都笑了。

回到普林斯顿，想到我一个夏天都不在儿童之家，真感到我好像已经离开了那里。动身的前一天，我向所有的工作人员和许多的孩子告别。

最后且是最重要的是告别诺拉。

有人替她照看目前的小男孩班，所以我们可以一起长时间散步。诺拉总是充满爱心，从不多愁善感，也不夸张感情；

　　她回忆起历历往事，说她第一次到儿童之家来的时候，我一直就像一条蹦蹦跳跳的小狗。她还记得，工作人员如何一直努力让我保持健康良好的情绪，以及我上二年级那年，已经放弃了希望，如何哭了大半夜。

　　诺拉说，当我被妈妈强行带走，后来又返回儿童之家时，她为我感到痛心。诺拉很清楚，那件事使我踏上了一次痛苦的旅程，而我在亚特兰大的亲戚似乎谁也不接纳我，更使我的遭遇雪上加霜。

　　"不过，罗比，"她说，"我们从来没有停止过为你祈祷。我从来没有放弃过希望，总有一天，你会选择走出遮盖你的黑暗。我很高兴，终于看到你有机会开始了自己的心灵之旅。"

　　当我们笑谈关于童年时代的其他回忆，一个念头让我大吃一惊：一个正常的母亲和她儿子之间的交谈不就是这样的吗？

　　我多么希望自己曾享有如此温馨的时刻。

　　诺拉突然朝着我转过身来。她伸出双手，抚摸着我的脸，而不是像我小时候那样。那时，她会弯腰屈膝，注视着小罗比的眼睛——当她想让一个男孩子集中精力听她说话，她总会这么做。

　　当我还是她的"小孩子们"中的一员，有一句话她对我说了很多次："永远不要忘记这一点，罗比，那就是：上帝爱你，我也爱你。"此时此刻，当她重复这句话的时候，她的眼睛湿润了。

我深受感动，我哽咽了一下，说不出话来。

我想对她说："谢谢你，为了你给我的爱，为了你一直不懈地为我祷告，为了你对我和其他几十个小男孩的信任。"但是，当时我所能做的一切就是紧紧地抱着她，用嘶哑的声音挤出一句话："谢谢你。"

她吻了吻我的脸颊，祝我好运，然后回到那十几个乱作一团的小男孩们中间，安排他们上床睡觉。

离开那个小镇之前，我试图向那些我冤枉过的孩子们道歉——那些受过我伤害的男孩，以及那些我以不太高尚的方式对待过的女生。但是我无法一一找到他们。不久，我开始收拾行李，准备好离开普林斯顿，让它永远成为过去。

我的表哥亚瑟像往常一样豁达，1972年8月，他主动提出开车把我送到北卡罗来纳州。我把自己所有属世的家当都装到他的车上——吉他、电唱机、收藏的唱片、两个行李箱的衣服、一本《圣经》、一个存折，还有股票市场的报告单。

当我们驶出普林斯顿，我没有回头。我没有挥手道别。我只是在尽情地享受自由自在的感觉。

我在那所孤儿院里挣扎了这么多漫长的岁月；现在，我终于离开它了。

在那个小镇上，有些人关爱像我们这样的小孩子，还有的人对待我们就像二等公民；现在，我就要离开它了。

我就要独立生活了。

我既没有家庭，也没有住宅。但是我有两个问题：

我能生存下去吗？

我能永远摆脱自己童年时代的梦魇吗？

问题讨论

1. 罗比很担心，要是别人发现他是从孤儿院出来的，会孤立他。人们如何因着种族、社会地位或经济水平而产生分歧？哪些因素会带来孤立与分歧？

2. 诺拉在分别的时候，如何提醒"小罗比"？

3. 此刻，罗比希望自己如何追随布克·华盛顿的榜样？

第二十章　大学新生

吉尔佛大学是一个不同的世界。

满耳的南方口音，满眼的白杨和橡木树冠、用当地黏土制成的红砖盖起的楼房，还有这个具有 135 年历史的老校区，这一切都在提醒我，我不再生活在那个小镇普林斯顿了。

这对我来说没问题。我已经准备好迎接改变，渴望彻底重塑自己。

作为一个新的开端，我忘却了从孤儿院走来的那个罗比，变成了罗布。我发誓，再也不会让任何人把我变成一个二等公民，也不让他们因为我父母的作为判断我。我再也不会被人看不起，也不会被人避之唯恐不及，就因为每个人都假定，一个从孤儿院长起来的孩子肯定是一个小偷，或者是一个惹麻烦的人。

人们不再会把我设想为那种人，因为他们不了解我的历史。我决定，在我找到一个可以信任的人之前，再也不会讲述童年时代的故事，而一位真正的朋友不会一听到我分享自己过去的篇章，就转身跑开。

我也下定决心证明自己。在我的第一个学期，我决定尝试参加篮球队。

我琢磨着，毕竟，我大概可以在这个小池塘里兴风作浪，成为高手。这样一所私立大学不可能拥有运动员奖学金的球员。这条路应该能够行得通，至少我可以成为替补队员。

我的目标几乎与体育运动无关。我只想让自己这个人被别人接受，而不仅仅是被人容忍。我希望在篮球场上一展身手，证明我和那些从"真正的"家庭出来的孩子一样棒。

我完全没有想到会遇到什么挑战。

我在预选时遇到的第一个球员是 M. L. 凯尔。他后来加入波士顿凯尔特人球队，作为职业篮球运动员又打了很多年。

接下来碰到的是劳埃德·弗雷，他后来改名叫沃德·B·弗雷①，成为美国国家篮球协会的顶级得分高手之一。

"你擅长什么？"教练问我。

"我动作敏捷，"我说。"我在防守和控球方面相当不错。"

"好吧，你防守这位伙计，他的名字名叫弗雷。"他说完就皮笑肉不笑地走开了，我觉得有点儿奇怪。

我对弗雷打量了一番。我可以应付他，我想。我想达到的唯一目标就是加入替补队；我不指望能成为先发球员。

我高中的一个教练曾告诉过我，当你防守别的球员时，

---

① 沃德·B·弗雷（World B. Free），著名篮球运动员，二十世纪七八十年代屈指可数的超强得分手。他的球风以"华丽"、"飞扣"和"弹跳"著称，后被称为"世界先生"。

你应该注意观察他的臀部如何运动。"篮球运动员可以用脚、头、肩或者用球做假动作迷惑你，"那个教练解释说，"但是他的臀部不会有任何欺瞒。"

但是劳埃德·弗雷的臀部会给你造成假象。

开场并列争球之后，我觉得自己就像一条被撕裂了的三角绷带。在我一生中，我还从来没有被打得那么惨。我蒙受了奇耻大辱，恍恍惚惚地走出了球场。

当我告诉我的室友刚才发生的事情，他放声大笑，说道："哥儿们，他们去年差一点就获得全美大学校际运动员协会的冠军，他们今年可能会赢！"他们那一年真的夺冠了。

我永远也不会知道自己能否进入替补队。如果我有一个爸爸，他若对我说："儿子，你回去，再投一次。" 也许我会再次尝试。但是我没有这样一位鼓励我的爸爸，也没有任何家人为我加油。

*你只是让自己活在失败之中！*我的内心有个声音低声说道。读高中时，我曾要求成为先发队员，但是无果而终，想到这里，我放弃了。我并不需要立刻在球场上得胜才能进入大学。

没过多久，我有机会更仔细看看那些从真正的住宅和家庭中出来的正常孩子如何生活。这又使我的第一个学期过得很艰难。

当其他人因闯了祸而变得沮丧，或者只是情绪低落，他们就会给家人打电话寻求安慰。

他们能收到信件，知道他们家里的每个人都在做什么。

其他学生的妈妈们经常打电话来检查他们的情况，询问他们是否还好，他们是否需要钱，他们的成绩如何，甚至会问他们是否遇到任何心仪的女孩。我真羡慕他们。

我每个星期天的下午都会给吉姬打电话，但是并不能指望她。我敢肯定她不会明白我的感受，我也不想让她担心。再一次，我发现自己生活在孤独的情感荒漠之中。

随着那个学期慢慢过去，我开始寻找团契，想加深对基督徒关系的理解。校园里有几个小组，定期讨论一些基于属灵的问题。但是，我遇到了很多人，他们把自己视为所属教派的虔诚会员，而没有想到自己就是基督徒。这使我深感困惑。

幸运的是，我与一些精神生活丰富的退休老人建立了联系，他们帮助我学习传统的教友派①教义，养成在静坐默想中等候上帝说话的习惯。但是，当我开始静坐默想的时候，我不知道，如果我真的听到了上帝的声音，应当如何反应。我可能应该做出决定，是像我的父亲一样走在去精神病院的路

---

① 教友派（Quaker），又作"贵格会"或公谊会（ the Religious Society of Friends），兴起于 17 世纪中期的英国及其美洲殖民地，创立者为乔治·福克斯。其特点是没有成文的信经和教义，最初也没有专职的牧师，没有圣礼与节日，而是直接依靠圣灵的启示，指导信徒的宗教活动与社会生活，始终具有神秘主义的特色。该会总部设于英国伯明翰，在世界上一些主要国家设有分部。其国际组织为"世界公谊协商委员会"（Friends World Committee for Consultation）。

上，还是像我那发疯的妈妈一样奔向街头。

我当时正在向一些属灵顾问学习，他们说，《圣经》中有承诺，如果我们寻求上帝，就会找到他。他们解释说，基督徒的沉思默想是一个为了让上帝亲自充满而倒空自己的过程。

我花了很多的功夫让自己精力充沛的身体和大脑减缓节奏，使我可以停下来、倾听、等待上帝——即使每天花上几秒钟的时间。但是那种练习不但使我冷静下来，而且帮助我辨析那来自上面的声音。有一次，我学会了如何去倾听，上帝说话了，不是大声说出来，也不是每天都说。但是有时候，当我需要引领的时候，一个显然不是出于我自己的短语或者想法就会进入我的脑海，使我对它的来源毫不怀疑。

这是一种与上帝沟通的方式，不久，他就会以一种完全意想不到的方式和我说话——那种方式就要改变我的生命。

问题讨论

1. 为什么罗比在大学里自称罗布？

2. 在罗布的大学生涯里，从正常家庭中成长起来的孩子拥有什么样的资源和经历，是他所没有的？

3. 你有没有发现，让自己头脑慢下来，从而聆听上帝的声音，这样做很难？你是如何应对的？

第二十一章　家

1973 年暑假，我大学生活的第一年已经使我筋疲力尽。我已经准备好了要调整一下节奏。

我飞往芝加哥看望言姬，几天后，我跳上一辆公共汽车，朝着伊利诺伊州的莫林驶去，那个小镇在芝加哥西南，大约有三个小时的车程。

我的朋友斯科特住在这里。我们三年前在夏令营就认识了。在读高中的时候，斯科特和他的家人曾经亲切地邀请我到莫林去，在那里度过了许多周末；此时，我和斯科特要到日内瓦湖去一起打工，担任营地营救生员和游泳教练。

当我乘坐的铁路沿线巴士公司①的汽车沿着 80 号州际公路驶往莫林，我看到广袤的田野从我眼前退去。在六月初，玉米的鲜绿色茎秆都还刚长出不久，它们的高度还不够掩藏住下面黝黑而又肥沃的土地。

突然，高速公路上的一个标志牌一闪而过，上面写着：

---

① 铁路沿线巴士公司（Trailways），美国第二大长途汽车客运公司，是灰狗客运公司的主要竞争对手。

普林斯顿，60 英里（即 96 公里）。

我吃了一惊。自从我离开那个小镇去上大学，我从来没有打算返回旧地。因为我以往大多数旅行都是乘坐火车，所以没有意识到长途巴士会经过那个以瑞典人后裔为主的农业社区，而我就是在那里长大成人的。

我还记得我们讲过的一个关于普林斯顿的笑话：该镇的钱只够安装三套交通灯，所以都安装在主大街上了。想到这里，我微微一笑，感觉与小镇的简朴相比，一年的大学生活中获得的经验已经使我更加老练成熟了。的确，我的过去早已留在身后，我已经准备好继续前进。

当我们靠近普林斯顿，我想我只会从 80 号州际公路远远地挥挥手，最后从内心深处说一声再见。没想到司机突然打了转向灯，我们改变了方向，朝着那个小镇驶去。

很快，那辆巴士隆隆地开进了主大街。我们朝着一座小宾馆驶去，那里就是普林斯顿的巴士总站。我从宽大的彩色车窗朝外凝视。从另一个角度来看，我正被引向一个决定性时刻。

不到一年以前，就在这些人行道上，我和高中的运动员们并肩进行越野赛跑，我们还在一起打篮球。那里有乳品皇后冰淇淋店，我昔日的一些同窗坐在外面吃冰淇淋。我认出一些曾经对我抛雪球的伙计们。

他们看不到我坐在巴士的彩色车窗后面。因此，他们谁也没有向我挥手，或者呼叫我的名字，或者对我微笑，或者对我指手画脚。有人看到我了吗？

"嗨，伙计们，我来了！"我想对他们喊叫。"你们看！我在这里！"当然，他们听不到我的声音，因为窗户是关着的，以保持车内空调的冷空气不会散发出去。但是，如果他们能听得到，他们会在意吗？

不论怎么说，我对他们来说是看不见的。普林斯顿的生活照常进行，就好像我从来没有在那里生活过似的。

在那家旅馆暂停之后，巴士掉头，返回原路。它在驶向州际公路之前，停在小镇的第三个也是最后一个红绿灯前面。

缓慢而又麻木的回忆使我意识到，"盟约儿童之家"就在我东边的四个街区之外，过了榆树街就到了。那里的孩子们和工作人员都不知道我此刻就在城里。但是，如果他们知道我来了，还会有什么区别吗？

普林斯顿只是我名义上的家。在现实中，我没有家。

这些事实就像中西部突然袭来的龙卷风一样，冲击着我。平时，在童年带来的情感风暴把我吹跑之前，我总会有时间躲进内心的庇护所。但是，这个意外的绕行搞得我猝不及防。我已经没有机会关上思绪的大门了。

从前，我感到被鄙视，被忽略，被拒绝，但是我从来不是隐形人。而现在，即使我突然消失了，似乎也不会有人注意到我，或者根本就不在意。

那些在大街上奔走或者聚集在乳品皇后冰淇淋店里的，都是本地人。这是他们生活的小镇。稍后，他们就会安全地回到自己的家中，那里有着他们的父母、兄弟姐妹，有着他们美好的回忆。但是对我来说，我人生最初的十八年就有十五个年头生活在那个地方，那里再也不是我的家了。

我生命中的那个篇章已经戛然而止。那所儿童之家对于毕业生没有跟进随访，没有社会和心理等方面的咨询，也没有财务或情感上的支持。没有人和我们保持联系。没有人打电话来询问我们在做什么，是否还好，甚至对我们是否还活着也无所谓了。

这不是那些员工们的过错。他们中的大多数人都很辛苦，每天似乎都必须工作 25 个小时一般。他们没有时间再挂念我们这些已经挪了窝的人。我们已经被抛入生活的黑暗河流之中，为我们自己的未来奋斗不过是一个严峻的现实，是另一股不断涌来的危险急流。

我记得在儿童之家打篮球的时候，我一旦知道另一名球员为了看住我而打算把我猛烈地撞到一面砖墙上，我就会绷紧肌肉。此刻，随着巴士返回州际公路，我意识到我刚刚受到了猛烈的抨击——根本来不及使自己变得坚强以对付疼痛。

从前，我一直不敢承认自己根本就是无处为家。我一直因大学里的功课忙得团团转；当其他同学问我在哪里过暑假的时候，我总是会给他们一些含糊不清的回答，而且会提到那些我要访问的城市的名字。他们认为我要回家了。对那些混乱的真相做出解释显得毫无意义，所以我从来没有尝试过。

我想，除此之外，还有谁可以理解我的经历呢？

最后，不论是向我的同窗们，还是向我自己，承认事实，我会很受伤。因为大部分人理所当然拥有的东西，我却没有。

即使那个儿童之家也不再是我的家了。这种残酷的领悟正把我撕开。由于担心其他巴士乘客会认为我疯了，我紧紧地捏着下巴，把满腹的激情压在心底。

我充满了愤怒而不能自拔，便将自己的想法抛给上帝。你为什么就没有为我提供一个立足之地？我不需要在亚特兰大有一座豪宅。如果能有一个家，家里有四个房间、一个小院子里和一只狗，我就会很高兴了。我不需要任何花哨的东西。我只想有一个和爸爸妈妈在一起的家。我不在乎我们是否有钱。我只是想有一个家！

上帝啊，为什么？人为什么活着？我到底做了什么使我不配有一个家？

我等了一会儿。什么都没有发生。

你为什么不回答我？我尖声喊叫起来。

沉默。

你在听我说话吗？我心中的愤怒在痛苦地咆哮。

沉默。冷酷的沉默，如同我已经被活埋了。

我盯着窗外，伊利诺伊的农田一晃而过。我将永远无法回家，我会吗？

尽管吉姬爱我，但是她的公寓不是我的家。尽管阿诺德叔爷爷和爱丽丝叔奶奶接待我在他们家里逗留，但是亚特兰大也不是我的家。

我无论在哪里，都感觉自己就像一个匆匆的过客。

家却是一个你可以不把自己当作客人的地方。

情绪的波动如同危险的海浪，不断地冲击着我。在我内心的尖叫持续了数分钟之后，我筋疲力尽，什么也不愿意去想了。

然后，随着巴士隆隆地驶下州际公路，一个念头意外飘进了我的脑海中。它的进入就像一片羽毛那样轻柔，使我几乎错过。

罗布，叫我父亲吧。以我为家……

我从内心深处发出了愤怒地回应。

你以为我会满意这样的呼唤吗？那说明不了任何事情！你那样说没有任何办法可以吻掉我过去 15 年的伤疤，而且现在也无济于事！你听到我的话了吗？

我没有一个家。我永远也不愿意再睡在自己童年的卧室里了。我不能把妻子带到我长大的房子里，让她住在那里。

我的孩子们将无法与他们的祖母和祖父一起玩耍。如果我受伤了，破产了，或者遇到了别的麻烦，我都不能指望家里的任何帮助！

你明白吗？我没有一个家！

如果上帝作出一个答复，我的愤怒也会让我充耳不闻。但是我太累了，无法继续长久地采取防护措施。

最后，我再次感觉听到了那个声音。它是那么温柔而又坚定，就像一个充满爱的命令。

罗布，以我为家。你就以我为家。

我疲惫地坐着，沉默不语。

我曾请求发生改变，不是吗？改变一直在发生，只是太缓慢了。

而现在，正是那位"自有永有"，创造宇宙万物的上帝提出要收养我——对，收养我。没有等候期，没有寄养家庭的实验性逗留，也没有任何附加条件。我甚至不必先变成一个更好的人。

他愿意收养我——收养我这样一个内心被童年的层层污垢和累累伤痕覆盖着的男孩子。

当巴士在夜幕下的高速公路上继续行使的时候，我做出了回应。

好吧，上帝。

一言为定。

我将叫你父亲。

我将以你为家。

问题讨论

1. 在坐车的时候，是什么使罗布变成了隐形人？

2. 这一章说："家却是一个你可以不把自己当作客人的地方。"哪里是你的家？

3. "罗布，叫我父亲吧。以我为家……"作者以愤怒回应这样的要求时，你的感受如何？对于罗布被上帝接纳，成为他的儿子，你是怎么想的？

第二十二章　启示

当我作为一个二年级学生回到大学，我凭着信心知道，上帝已经赐给我一个属灵的家——一个永久的家，而且我已经接受了。

但是，我仍然要克服很多来自往事的障碍。

首先，我对于如何处理大学校园里的"性自由"非常困惑。对于性欲，从来没有一个生活在身边的爸爸给我有益于健康的指点，也没有给我树立一个关于爱情和婚姻的榜样。

我成长中学到的是双重标准：对于男人来说，随便发生性关系无所谓，但是女人不可以这样。现在，我明白这样的态度是不神圣的，不公正，也不聪明。但是我经常遇到一些女性，她们公开宣称，如果一个男人有足够的"刺激性"，她们就愿意和他有一段风流韵事，有人对我表示很感兴趣，使我的自信心得到增强。

我的旧观念正在改变，但是速度很缓慢。我记得在儿童之家八年级的时候，辅导员斯沃尼曾经给我们讲过，性只能发生在已婚的夫妻之间。但是，当机会敲门，就很难把握自己，做得恰当。

一天晚上，我的室友出城了。我一直约会的一个姑娘在我的房间里和我不欢而散。开始，我们躺在我的床上热吻，尽管我们都穿着衣服，但是我们的肉体无疑都在呼喊："做吧！"

突然，内心有一个声音喊道：不！这不是上帝叫你做的事情！

强烈的欲望充斥在我的血脉中，一听到这个声音，我冲动的大脑突然冷静下来。不知何故，我鼓足了勇气，以坚定的意志力控制住自己，翻身下床，双脚落到地上站定。我说："咱们需要出去走走。"她听到我这样说感到很惊讶，就连我自己也吃了一惊。

当我们在外面漫步的时候，她显然感到很困惑；我吭哧了半天才说出话来。我不知道自己刚才为什么会停下来。最后，我相当冷静地说："你看，我真的不知道刚才发生了什么……但是就在前一段时间，我给了上帝一个机会，请他改变我，所以，我刚才突然想到这不是我应该做的事。"

那天晚上，我睁着眼睛躺在床上，花了很长时间试图分析这次经历。我到底应当如何处理那种事？我还会遇到下一次，再下一次，如果再有类似的情况，我要到哪里去寻找力量克制自己，直到我和心仪的姑娘结为夫妻？

我见过太多像我一样的孩子变得对性非常热衷，他们不是出于爱，甚至不是因为好色，而只是要填补情感上的空虚。我知道在这样的时候要牢牢记住，我已经改变，而且还要继续改变。

我想成为一个男子汉，一个丈夫，一个值得信赖的忠实可靠的父亲。

我希望，即使没有父母的指导，我也能达到那个标准。

不过，我已经明白，如果事情变得太棘手，我也要经得起考验。

当我宣布要选修的主课时，我原本也能得到正确的指导。

我经常感到焦躁不安，对于以后要从事什么职业我也没有任何头绪。我曾暂时考虑过成为一个化学研究员，但是在一个春天的日子里，当我看到山茱萸盛开的美丽情景，就确信自己不能在一个实验室里度过余生。我喜欢学习语言，但是看不出它对于我的生计能有什么帮助。当一名会计看起来也有可能，因为对我来说，与数字打交道是一件轻而易举的事，但是它也没有在我的头脑中引起任何共鸣。

随着圣诞节假期的临近，我觉得自己就像一头没有雪橇的驯鹿。说到底，我就是在浪费自己的时间，也在浪费米切尔家族的奖学金。我确信的唯一事情就是，我的未来在上帝的手中——如果我让他引领，我就会知道自己将来该做什么。

有一天，芝加哥的一个朋友给我来电话，提到教会正在资助儿童之家进行一次短期宣教活动。经过仔细考虑，我感到在非洲待上一年的机会对我很有吸引力。我去要做的工作就是：帮助传教士做琐碎的事务性工作。

但是这项工作没有报酬。教会的观点是："如果这是上帝的旨意，他就会提供所需要的一切。你不能成为传教士的负担。"

这项活动的主管人员告诉我，他们指望我能拿出三千五百美元，用来支付我的旅行和其他费用。我的股票投资组合中有那么多钱，但是我一直梦想着用它来购买一辆新车——黑色有遮篷的那种。我和参与那项活动的人进行了交谈，也为未来的方向祷告，觉得那辆敞篷车必须等到以后再说。

经过漫长而又发自心底的祷告，我以心中所怀的属灵的确信感觉到，这就是我正在蒙召要去做的事情。

尽管如此，当我想把这件事告诉吉姬的时候，仍然犹豫不决。我担心她会反对我的计划。

但是，当我给她打电话提及此事，她毫不犹豫地支持我，没有丝毫的抵制。"罗比，如果这是上帝的旨意，"她说，"你就去吧，带着我的爱和祈祷。"

我在亚特兰大的亲属们却不同意，他们认为我是在浪费时间，甚至会永远完成不了大学学业。但是到了1974年的春假，我已经下定了决心。

我在吉尔佛大学的教授同意了我的请求，允许我通过这次活动获得法语和刚果的林加拉语的学分。我也会根据我的活动日记和期终论文获得非洲研究的学分。

出国一年的想法让我仔细琢磨，要不要再去看望那些年长的亲戚。这也促使我去问一个从来没有勇气提出的问题。

那年夏季，我在叔爷爷阿诺德的汽车经销店里工作，并与他和安妮丝叔奶奶住在一起。夏天结束时，随着离开亚特兰大的时间临近，我到爱丽丝姑姑、迈克姑父和我的表兄弟们那里去，与他们告别——奶奶宝莲已经不住在那里了，她那时在一家养老院里。

在我飞往芝加哥的前一天晚上，我坐下来与叔爷爷阿诺德和安妮丝叔奶奶聊天。阿诺德当时快 80 岁了；想到他可能会离我们而去，我很难过，但是我知道，我要向他提出一个从来没有在亚特兰大对任何人问过的问题，这可能是我最后的机会了。

"阿诺德叔爷爷，我必须问你一个严肃的问题。我真的希望得到诚实的答案，不管事实可能是什么。"

他看上去好像他知道下一步会发生什么——并且已经为此准备多年了。

"我很清楚，吉娅太穷了，养不起我，"我说。"就算她想带我，但是就监护权而言，她无论精神还是身体都不够强壮，难以对付我的寻亲。那本来就是一场与精神错乱的持续搏斗。但是我不明白，为什么在亚特兰大就没有一个人愿意把我带出儿童之家，并愿意抚养我。为什么你们就没有一个人需要我呢？"

我的叔爷爷听到以后，老泪纵横，这使我感到很惊讶。我看到他在努力使自己镇定下来。

"罗比，小伙子，我再三设法联系宝莲，让她同意我抚养你。你爷爷米切尔不仅是我的亲哥哥，一个道德崇高的人，也是我最好的朋友。他也会愿意让我来抚养他的孙子，为了他，也为了你，我本来喜欢这样去做。"

当阿诺德抑制住他的情绪慢慢停顿下来，我坐在死一般的沉默中静候下文。他喝了一大口波旁威士忌，继续说道：

"真相就是，你奶奶宝莲不肯让我或任何其他家庭成员来抚养你。"

我的思绪在激烈翻腾，试图明白他话中的意思。"为什么？"

一阵沉默。

"为什么，阿诺德叔爷爷？"

他摇了摇头，眼泪从他那满脸皱纹的面颊上流了下来。"罗布，在宝莲看来，你是一个令人难堪的角色。你不是她的儿子抚养长大的，你如果待在亚特兰大，就会在她的社交圈子里造成很多麻烦，使她对很多问题都很难解释清楚。她要是说你住在伊利诺伊州，那就方便多了。"

一个令人难堪的角色？

我自己的奶奶不愿意让其他家庭成员抚养我，就因为那会使她在自己的精英社交圈子里太难作出解释?

我简直不敢相信这是真的。我在法律上具备充足的合法性成为他们的家人，却不够好到让他们抚养我。这是给我的什么奖赏！

那么，到底是什么原因使那些家庭成员没有足够的胆量站出来，去做正确的事情呢? 很显然，他们中间甚至也没有一个人考虑过违背宝莲的意愿，为吉姬提供金钱和法律上的帮助，让她可以抚养我。

最初的震惊过后，我分不清自己是感到愤慨，还是只好顺从。一方面，这个痛苦的发现似乎只是在一个长长的清单上增加了一项而已。在另一方面，我觉得几乎是松了一口气。至少我不必再为此感到惊讶。

第二天，我和他们告别。叔奶奶安妮丝抱住我哭了。叔爷爷阿诺没有用他习惯性的握手和我说再见，而是破天荒第一次拥抱了我。"记住，孩子，"他说。"我一直都爱你。"

我的思绪在翻腾，我飞到芝加哥去看望吉姬。我一边享用自己最喜欢的火锅炖肉，一边和她讨论我的计划；然后，她说："罗比，我为你感到高兴。你在做上帝告诉你当做的正确的事情。"

"离开你使我觉得很难过，"我告诉她。"而且万一你需要我，我又会离得那么远。"

"你压根儿就不必考虑那些事，"她以通常那种不露声色的方式回答说。"此外，我希望自己死在你出门在外的时候。那样的话，我就不会成为你的负担。如果你是在非洲，如果我生病了你也不会知道，而且，你会离得太远，赶不回家参加我的葬礼。"

"现在不要说那种事，"我断然抗议道。"我在外地的时候，你不会死，你也永远不会成为我的负担。永远不会！"

"好了，我们不会再谈论这个问题了，"她说。"但是，不要忘记，你将拥有这些家具，也会得到我的储蓄账户上可能剩余的任何款项。"

稍后，就在说晚安之前，我坐在沙发上，伸出我的手，轻轻地抚摸着她那孱弱的手指。"吉姬，"我说，"我要问你一个很难回答的问题。"

"说吧，罗比，"她回答道。她的语气告诉我，她也一直在等待这个时刻。

"在我长大成人的过程中，我永远都无法理解我在亚特兰大的家人为什么不愿意抚养我。这个问题已经困扰了我很多年。在我离开亚特兰大之前，我问阿诺德叔爷爷为什么那些家人不愿意接纳我。吉姬，你知道他是怎么告诉我的吗？"

"是的，孩子。他告诉你，宝莲不允许他们那样做。对她来说，你是一个令人难堪的角色。"

"可是，吉姬，既然你知道这个答案，为什么不早告诉我？"

她那瘦削的肩膀开始颤抖。我温柔地伸出一只胳膊搂住她。"吉姬，你没有告诉我，我也不生气，我只是想弄清楚。"

"你还在读初中的时候，我就知道这件事了，"她说着，眼泪开始流淌。"但是，每一次你问我，你能否住在亚特兰大的时候，要我说出你永远不能这样的话，实在是太痛苦了。你已经遭受过那么多的苦难，要我说你就会再一次被拒绝，我真是不愿意成为告诉你真相的第一个人。特别是因为你被拒绝的理由是那么不合情理。"

她降低了声音，变成了窃窃私语。"我只是不能那样做。我很抱歉，非常抱歉，真的非常抱歉。"

她开始哭了起来。

我抱着她，就像一位父亲抱着自己心碎的女儿。我反复打消她的疑虑，让她知道我没有生气，使我感到惊讶的是我意识到自己没有生气，至少暂时没有，确实没有。

一位精神病医生曾经对我说过，我可以使我的情感理智化；我推测，这就是他那番话的意思。把这个问题放进一个盒子里，盖上盖子，等到你准备好对付它的时候，再把问题拿出来分析解决。

现在还不是生气的时候。现在是安慰吉姬的时候，她在哭泣，因为我从小就一直陷入困境，而她能为我做的事情又是那么有限。我想让她知道，她已经给予我最需要的东西，那就是安全感——基于从她而来的坚定不移的无条件的爱。

那天晚上，我很难入睡。

问题不只是我对于自己过去的发现。它甚至也不是我对于非洲丛林的惧怕。

那个问题还令人捉摸不定。

明天我就要飞往一个陌生的地方，去做陌生的事情，还要离开80岁的吉姬一年的时间。

但是，也许更重要的是，我要做一些自己从未做过的事情，但是我相信自己已经听到了上帝的呼唤。而信任任何人的想法还是让我感到局促不安。

问题讨论

1. 看到这一章的内容，请你告诉我：为什么罗布没有在亚特兰大被抚养长大？你对那个理由的感受如何？

2. 虽然没有办法改变那个理由，但是你想对罗布说什么？为什么？

第二十三章　走进非洲

我从芝加哥飞往巴黎，然后转机飞往中非共和国的首都班吉。我得到的指令就是：在班吉等候，直到航空宣教使团的丛林飞机抵达。它会苻我去位于扎伊尔（刚果）西北部城市格梅纳，那里又被称为乌班吉。

我急昏头了，这是到了什么地方？当我在格梅纳走下飞机时，我这样问自己。这里天气闷热，空气中飘散着霉味，尘土飞扬，又脏又臭。我真是要疯了！

第一天夜里，我继续总结、评论自己。难道我是阴差阳错到这里来的吗？难道上帝真的引领了我吗？再过几个月，我就20岁了，我在这里却像那本描述冒险的漫画书中的人猿泰山一样。

但是经过反思和祷告之后，我觉得更加平静了。出于某种原因，上帝似乎需要我到非洲来。这个地方在我看来是如此陌生，但是也许令人兴奋的东西也在这里等候着我。

乌班吉就在赤道以北，既有密布的丛林，又有广袤的草原，生长着大量的香蕉、橘子、柠檬、青柠檬、菠萝、芒果和木瓜。

但是，把那个地区称作偏远地带一点也不过分；在 1974 年，最近的电话亭也在 800 公里以外，在雨季根本不可能到那里去。

传教士们在七个特定的区域服侍，分布在一个半径 160 公里的地区。我驻扎在格梅纳，那里有该地区唯一的一间邮局和一家银行，全国最长的飞机跑道就在该地区，还有一些海关和护照办公室、一座小型的军事基地、一家小酒店、一个微型客栈，一家根据电影《非洲皇后》①复制的欧洲风格的餐厅。这一切再加上一些小商店、一所由我们的新教传教士担任教师的中学和一所天主教教徒开办的小学，构成了这座城市的全部。

李•安德森和他的妻子艾琳是我的东道主和老板，他们马上让我开始工作。1974 年 9 月 10 日，我在日记中写道，"我已经在格梅纳工作了近三个星期。但是感觉就像过了几个月。"不过我充满感激，因为我从安德森夫妇那里学到了那么多宝贵的东西。

宣教士们给我起了个绰号，叫我"格梅纳的跑腿儿"。无论谁有任何需要，我都要及时赶去提供帮助，这是我工作中的一项内容。

一项更关键的任务就是操作短波无线电收发机——这是一个与各个宣教站至关重要重要的连接。因为刚果在 1960 年发

---

① 《非洲皇后》（*The African Queen*），美国经典冒险影片，改编自 C. S. 福雷斯特 1935 年出版的同名小说，由约翰•休斯顿导演，亨弗莱•鲍嘉和凯瑟琳•赫本主演。鲍嘉凭借在该片中的表演获奥斯卡最佳男主角奖。

生了武装起义，传教士保罗·卡尔森惨遭杀害，所以安全一直是我们关注的焦点。

卡尔森死后，刚果的局势一直很紧张，但是大家都很平静；大家对卡尔森的殉道记忆犹新。每天早上六点三刻，我都会"咔哒"一声打开收发机，按照服侍地点的字母顺序一一点名。如果一切都正常，每个服侍地点的代表就会回答说："都在场。"我们每天都要对传教士们进行三次核查，以确保他们的同工们都还健在。

我的另一项任务涉及食品、商品和燃料的出货跟踪。正是在这个过程中，我遇到了达帕拉。

在我履行职责的第一个月，我们得到消息，一大宗燃料用品预期运到一个名叫阿库拉的河沿村庄，离我们驻地有大约160公里。丹是一位短期经理人，他带来一辆平板卡车，装满了能盛放55加仑的金属空油桶。达帕拉是一位来自当地最大部落恩巴卡的基督徒，他也加入了我们的队伍。

达帕拉只比我大七岁，在我们位于格梅纳的高中负责照管男生宿舍和其他维修项目。这样一项责任重大的工作使他在他的部落中赢得了相当的尊重。

当我们驱车前往，我们使用各种交叉翻译手段，使我们可以相互明白。丹和我说英语；丹和达帕拉讲林加拉语；达帕拉和我说法语。就像其他部落的人一样，达帕拉称我为"劳拜"①，即法语中"罗伯特"的发音——因为"罗布"这个名字在林加拉语、恩卡巴语或法语中的发音都不太容易。

我们在他们所谓的公路上颠簸了很长时间——实际上那就是一条留着很多车辙的小径。我们平安抵达阿库拉，尽可能从运营商那里多买下一些汽油，装满我们带去的油桶。不巧的是，我们在返回格梅纳的路上下起了大雨，我们不得不熄了火，在光滑而又危险的丛林土路上停下来。幸运的是，我们在停车的地方正好遇到一个非洲猎人，他在那里有一个避雨的棚子；他邀请我们到里面躲避倾盆大雨。

一个小时后，雨突然停了，就像它突然降下一样。不知从什么地方冒出来一群孩子，他们想看看白人长得什么样。当我走出那个小棚屋，踏过泥浆，泥浆松软诱人。我们浑身已经湿透了。虽然我也知道我在卡车里有一些可以替换的干净衣服，但是我无法抗拒玩耍的机会。我从路上的一段斜坡上冲下去，像棒球运动员似的在泥浆中滑过。那些恩巴卡族的孩子们迸发出疯狂的哈哈大笑，鼓起掌来。孩童到了哪里都是孩童！我一边笑着一边想起我真是童心未泯。

我感觉到孩子们的渴望中夹杂着迟疑，便跑出去，伸手抓住一个男孩。我把他举到空中，就在他目瞪口呆之时，我又抱着他跑回到路上，一边高声喊叫着，一边在泥浆里滑下去。我们停下来时，我用林加拉语说："谢谢你。"

---

① "劳拜"（Row-bear），音译，意为"排熊"。

他非常兴奋地跑回到自己的朋友们中间，咿咿呀呀地用恩卡巴语与他们交谈。我不明白他说的是什么，但是当我回到同伴们中间时，我注意到达帕拉喜笑颜开。另一个勇敢的男孩小心翼翼地走上前来；我与他玩了同样的游戏，其他几个男孩和一个女孩也足够勇敢，与这个白人一起玩耍。

当我抱着最后一个孩子滑下泥浆时，我请达帕拉用恩巴卡语告诉他们："谢谢你们。上帝爱你们。"

当达帕拉把我的话翻译给他们时，我在这群小孩子们面前跪下来。那个小女孩走过来，抱住了我，然后深情地盯着我的眼睛。她伸出双手抚摸着我的头发，顺势摸到我的脸颊，轻轻地搓捻着我的胡子。她平生可能是第一次，这么靠近一个不是黑色或棕色皮肤的人，如此仔细地观察；我无法想象这对她意味着什么。她再次拥抱了我，然后跑回丛林之中，挥手与我告别。

那天深夜，当我们驱车回到格梅纳达，帕拉明确表示，那次经历已经帮助我们建立了不解之缘。他伸出手来和我握手，很长一段时间一直紧紧地握住不放。他面带微笑，说道："你是一个与众不同的白人男子汉。我喜欢我们之间的不同。我们应该成为朋友。"

"谢谢你，"我笑着回答他。"我将很荣幸成为你的朋友！"

在接下来的一个月，我们的友谊迅速发展。传教士们曾警告我说，那里针对白人的种族偏见非常厉害，在格梅纳那种较大的城镇里经常可以看到，但是达帕拉的行动让我无法相信他们的警告。

另一件事却对我表明那些传教士所说的话是真的。这也证明了我童年的影响一直伴随着我在非洲的行程。

在我的住宅旁边有一座集体宿舍，里面住着30名来自当地部落的男孩。我们有时候在一起踢足球。他们经常以异样的步法和运球攻击我，对着我放声大笑，显然很享受胜过白人对手的那种体验。他们这样做并没有影响我。我喜欢挑战。

但是有一天下午，一个球员带球直接朝我冲过来，竭尽全力使我看起来像个傻瓜。当我从他手中抢过球来并传到前场，让他觉得很无趣。

我听到了几声温和的窃笑，明显是针对那个我使他困窘的男孩。他怒视着我，然后转身对那些讪笑他的孩子们说了些什么。除了最后一个单词 mondeli，其他的话我一点都没听懂。

原来，这是一个林加拉语单词，意思就是白人。传教士们已经对我解释过，说出这个词的时候所用的语气可以改变其含义，既可以是简单的身份辨认，又可以是种族污辱。我曾被告知要多加小心，如果听到他们的语调预示着麻烦，最好悄悄地离开。

那个年轻人刚才使用过的语调显然含着敌意。

突然，我感到就像超级慢动作一样，我发现我的右拳慢慢地握紧了。我听到苍蝇的嗡嗡声。那个"老我"跳出来了，就像一头一直伪装躺卧在草丛中的狮子。

一个只有我能听到的熟悉的声音从足球场两边的丛林深处传来，似乎在嘲笑我的软弱。打碎他的脸！揍他，揍他，揍他，揍得他卧床不起，还会疼上一个星期！

你从前就是这样的人，躲也躲不过去。干吧！现在就出手吧！

但是随后传来另一种声音，平静而又热切：不要打他。不要毁了传教士们的工作。把你的另外一边脸也转过去，走开吧。

你已经改变了。对自己和其他人证实这一点吧！

在我里面敌对的情绪能做出决定之前，邀请我一起踢球的恩巴卡男孩跳到我和对手之间，默默地凝视着这个丛林校园里的恶棍。

我抬起手，做了一个需要替换的信号，冷静地走到场地边上，并在几分钟后要求离开。

我走回自己的小棚屋，思索着刚才发生的事情。

我对此感到惊讶，不知道这是不是我的宣教顾问曾试图对我解释过的事；他说过，审判就是得到我们配得到的一切，怜悯是没有按照我们应该得到的给我们，而恩典是得到我们不配得到的。

我那老我已经准备好执行审判。我那慢慢改变中的新我却试图劝我手下留情，显出怜悯。然后，借着那个前来帮助我的恩巴卡部落的年轻人，恩典奇妙地彰显出来了。我不禁想到，这真是奇妙！

看来，只有慈悲和恩典才能帮助我逃离自己童年愤怒的狮子。

然而，我仍然需要解决信任的问题。结果证明，达帕拉就是我学习这个课题的指导老师。

这一课开始于 1974 年 12 月的一天，正是我在非洲生活了四个月之后。达帕拉用他那一贯的温暖的握手向我问候，然后提出一个请求。"劳拜，我已经得到邀请，到一个重要主日敬拜中陪伴一些十几岁的男孩。我需要你的帮助。每三个月，我们来自格梅纳地区的非洲基督徒都要在丛林深处的不同村庄举行特殊的敬拜仪式。通常都是学校的校长开车送我们，但是他这次不能来。我不会开卡车。你能帮我开卡车去吗？"

我犹豫了一下。当达帕拉刚才说"在丛林深处"时，我听成了"到地极之处"。但是，想到有机会观看部落民众的布道和歌唱总是件吸引人的事，于是我同意了。

我们在一开始的 24 公里途中快速前进，一群男生在卡车后部放声歌唱，大显身手。不久，达帕拉指挥我离开泥泞的主路，转向一条普通的小径。我转动方向盘；达帕拉示意我停下来。

丛林中走出来一个部落男子。当地的通信系统就是打鼓，显然，他们曾用鼓声告诉大家说我们要来。达帕拉跳下车去与他的朋友聊天。

达帕拉跳上卡车，回到驾驶室，手里拿着他的朋友给他的一片大树叶。我刚开始驾驶着卡车开进丛林中的路径时，达帕拉就告诉我说，这个叶子里包着本地人特别喜欢吃的一种饭菜，并拿出来一些给了我。

我那种旧的自我防御意识立刻蹦跳起来。

我心里对自己说：你疯了吗？除了吉姬和诺拉，你不能相信任何人！

这个部落的人试图让你吃一些奇怪的东西。你不知道那是什么，也不知道它是否煮熟了。那种食品安全吗？它会使你生病吗？你也没法儿问他，因为会伤害他的感情。

不要吃！不要相信他！这不安全。

然后，我转换了想法，新的自我开口说话了：

你关注的是什么呢？是食品，还是信任？

我的老我不能回答这个问题。

我那新的自我决定努力信任达帕拉。我没有细看，便把手伸向那个叶子，从里面抓起一些神秘的东西，放在拇指和食指之间，塞进我的嘴里。

嚼了一会儿后，我猜想那是一种棕榈坚果纤维，可以作为零食，它需要用力咀嚼，吃的时候发出"嘎吱嘎吱"的声音，还混合着油炸蚂蚁或者白蚁的味道。

我一直在慢慢而又仔细地咀嚼。然而不管我咀嚼多长时间，都必须经常从牙缝里剔除一些塞进去的卷须和杂散的纤维。

在卡车后部的一个男孩透过后窗不停地朝里观看。他每一次对别的孩子们说我又咬了一口，他们都会高声大笑。达帕拉也对着我咧嘴笑起来，显然很高兴看到我愿意分享这一美味。

那个重要主日的聚会吸引了几十个部落的人前来参加，其中包括很多兴奋的孩子们。达帕拉把我介绍给几个男人和他们的妻子。我们到达后不到一个小时，太阳就已经落下去了，丛林之夜把那个村子笼罩在黑暗之中。如果不是那微弱的火光和一些闪烁的油灯，我就伸手不见五指。

我们用恩巴卡语交谈、唱歌，然后开始吃晚饭。食物准备就绪之前，达帕拉大声问我："劳拜，你喜欢今天下午在路上吃的东西吗？"

"当然喽！"我回答说。然后，我皱着眉头问道，"达帕拉，好朋友，我吃的到底是什么？"

"那是用白蚁做的，"达帕拉咧开嘴笑了笑，回答说。"那种白蚁能够建造起很高的土堆。那是用棕榈油炸出来的。"

"它们真的不错，"我笑着说，"只是它们的卷须和螯夹不断塞进我的牙缝里。"

那群人笑起来，高兴地鼓掌。我能看出来，达帕拉很高兴和我在一起，甚至感到自豪。

晚饭后，我们一直唱歌，直到深夜。最后达帕拉发出信号，让大家返回。

当我和达帕拉从火堆边走开，他伸出手来轻轻地牵着我的手。如果这种事情发生在美国，我可能会感到震惊，但是在这里就不会。一位传教士曾经对我解释过，这是一种表达方式："这个人比弟兄更亲密。这是一个值得你为他献身的男子汉。"

我还从来没有见过一个部落男子在公共场合与一个白人牵手。后来我才发现，这是极为罕见的。

当我们走开的时候，达帕拉平静地说，这不是为了让我参与一次交谈，而是为了叫我明白一件事。他说："劳拜，这些都是我同一个部族的人，是我的村庄，是我的家人。没有他们，我什么都不是。"

他领着我来到一座有四个房间的大房子——里面是泥地，四周是土墙，上面是草棚屋顶。我们必须睡在同一个房间里，里面支着一张竹框的大床，床上铺着草凉席，还有一张小一些的竹床。达帕拉坚持要我睡在那张较大的床上。

当我们各自坐在自己的床边上，我的手电提供了唯一的光线，我问道，在我们睡觉之前，他想用什么语言祷告；他建议我们每人都用自己的本国语言。

他伸出手来握住我的手，我的朋友用一种我听不懂的语言向创造宇宙万物的上帝祈祷，但是我能分辨出，他在结束祷告时说出了"耶稣基督"的名字。我祷告时用的语言对于达帕拉来说也是陌生的，但是他能听懂我最后的话——"耶稣基督"。

当我们结束了祷告，我深情地凝视着他那双黑眼睛，用林加拉语说："我们来自如此不同的部落……但是我们有同一位上帝，他理解我们，也爱我们。"

说完晚安，我关掉了手电筒，躺卧在我们漆黑的丛林棚屋中。我不需要光就能看到一个事实：无论我在哪里，上帝都在那里，为了我，也为了每一个人——不分文化、语言、历史或者肤色。

我的一个新的身份开始显现出来。

我想，我不再只是一个从孤儿院出来的孩子了。我属于上帝的世界大家庭。

我仍然有很多问题需要解决。但是在那个晚上，一块更大的疤痕从我童年的记忆中脱落了。

1975年6月，我在非洲的使命结束了。与我的传教士老板以及恩巴卡的朋友们告别实在是一件困难的事情。

在我离开的那天，达帕拉和我没有言语的交流，只有一个长时间的、无声的拥抱。我为他的友谊流下了感激的泪水。我很伤感地意识到，我这一生中可能永远不会再见到他了；

我钻进了卡车，没有回头。

那一天，我们八个人离开了那个宣教站。我们花了几个星期，驱车 3200 公里，进行了一次令人惊异、充满冒险和危险的跨非洲旅行，最后停在了肯尼亚的内罗毕。一路上，我们大饱眼福——看到了生活在伊图里森林中的俾格米人，在卢旺达看到了手持机关枪的人们，在塞伦盖蒂看到了著名的狩猎场，在坦桑尼亚看到了恩戈罗火山口①。当我回到家里的时候，我有许多故事要讲给吉姬听。

但是，我的宣教之旅中最重要的部分已经成了我自己经历的扩展。我作为一个从一所孤儿院出来的前途未卜的男孩去了非洲；而我在离开之时，却带着更加信靠上帝的强烈意愿，我也更加确定，我被上帝的环球大家庭所收养，并不是靠着我的文化或者我的过去。

问题讨论

1. 你认同这一章里对审判、怜悯和恩典所下的定义吗？为什么？

2. 吃白蚁的事情如何成为罗布学习信任方面的一个巨大

---

① 恩戈罗火山口，全称"恩戈罗恩戈罗火山口"（Ngorongoro Crater），位于坦桑尼亚北部东非大裂谷、恩戈罗恩戈罗国家公园的中心地区，是一个沉寂了 25 万年以上的死火山口。这里有完美的生态系统，因而被冠以"非洲伊甸园"的美称，也被称为"世界第八大奇迹"。

进步?

3. 罗布和达帕拉有什么相同和不同的地方? 他们能够向同
一位上帝祈祷, 你也会这样吗?

第二十四章　饶恕？

在回到吉尔佛大学之前，我在吉姬的公寓里住了一个星期。我一年前离开美国到非洲去的时候，她迈进了81岁的门槛。她的身体更加虚弱，但是精神仍然矍铄。我们在一起度过了一段美好的时光，我向她汇报了我的行程；每一个细节对她来说都显得很重要。

我也在圣约世界宣道会的办公室里进行了简短的述职报告。办公室主任交给我一份报销单明细表，我为上面退还给我的款项感到很惊讶。

"先生，你最好检查一下我的账户，"我争辩说。"上面的金额比我离开之前更多了。"

"罗布，这就是你的余额，"他向我保证。"你的账上一开始只有3500美元，但是你离开以后，许多团体和个人为你的宣教奉献了数千美元。对于我们的短期宣教队员来说，结束时拿到退款是很正常的事。很多时候，我们都看到上帝为那些回应他呼召的人提供生活所需的一切。我们对此不再感到惊奇了。"

当我拿着他们开给我的支票离开时，我能想到的一切就是，上帝用另一种形式赐给我恩典。信靠上帝真是太神奇了！

不久以后我就清晰地意识到，信靠并不是使我发生重大改变的唯一领域。我那傲慢而又挑衅性的态度似乎正在演变成一种安静的信心。

也许这种变化最好的证据体现在我回大学的途中，就是我顺便到亚特兰大看望阿诺德叔爷爷的时候。我知道他不喜欢面部的须发，而我当时还留着胡子。在高中时，我这样做只是为了证明自己的独立性；而现在这样的对立已经没有必要了，所以我刮了胡子。

但是，当出租车把我带到阿诺德叔爷爷家的停车道上时，轮到我感到惊讶了。他正站在车道上迎接我，而他以前从来没有做过这样的事情。他一言未发，泪水在他的眼睛里闪烁，他伸出双臂，紧紧地拥抱了我很长一段时间——这是他第二次拥抱我。

回到学校，我决定主修社会服务这门课程。作为一个劫后余生的人，我也想帮助别人从艰难中挺过来。

心理学成了我最喜欢的科目之一。通过这些课程我了解到，一些精神疾病和反社会行为可以追溯到人们对于侮辱和不公正待遇的怨恨——不论是现实的还是想象出来的。我的教授们指出了"正视自己往事"的重要性。

但是他们似乎竭力避免宽恕的概念。在某种程度上，我也是如此。

我知道我没有正视自己的过去。事实上，我对于那样做并没有兴趣。

但是后来，我听到了彭柯莉的故事①。

彭柯莉是一名荷兰基督徒，1944 年，她和妹妹贝丝、她们的父亲以及几个朋友因藏匿犹太人躲避希特勒的毒气室而被逮捕。贝丝和她的父亲后来死于拉文斯布吕克集中营；彭柯莉则幸免于难，现在美国各地分享她的奇特经历。

她多次告诉听众：有一次她在一家教堂发表演讲，一个男子走近她，向她伸出了手。彭柯莉认出他就是拉文斯布吕克集中营的一位前纳粹党卫军看守。当年她和贝丝在枪口下被逼着进入浴室，被迫脱光衣服裸露在那些发出嘲笑的德国士兵前面，那个人就站在门口守候。

现在，他请求彭柯莉饶恕他。

彭柯莉告诉听众，在那一刻，她没有任何反应，就连一点最微弱的温暖或慈善的火花都没有。"耶稣啊，"她祷告说，"我不能饶恕他。"

但是上帝呼召她饶恕，她也回应了上帝的召唤。

在她的谈话结束后，彭柯莉向她的听众发出了深情而又

① 彭柯莉（Corrie ten Boom）：著名基督徒作家，二次世界大战期间，她曾带领一群没有军事经验的青少年帮助许多在荷兰的犹太人躲避纳粹军人的追捕和屠杀。她于 1971 年出版了名著《密室》（*The Hiding Place*），二十世纪 80 年代定居在美国。

大胆的挑战："你有哪些人必须原谅？"

我知道问题的答案。我不用费力就可以列出一份简短的名单。

"要记得耶稣在主祷文中对我们的教导，" 彭柯莉说，"要想治疗不公正带来的痛苦，上帝的答案就是原谅那些伤害过我们的人。"

彭柯莉蒙上帝呼召，饶恕了一个象征着伤害、痛苦和耻辱的人。我知道上帝要我也照样去做。

但是我不想饶恕。从森林中成群结队的毒蛇和蚂蚁中间爬过去，似乎还要比饶恕更容易一些。

随着日子一天天推移，我感到脚上好像扎进去一个荆棘的刺，我自己无法把它拔出来。彭柯莉的问题不断回到我的脑海中，使我更加恼火："哪些人你必须原谅？"

有一天，当我步行穿过校园，我终于对上帝的呼召作出了回应。好吧！我知道必须饶恕谁。你需要我的名单吗？好吧，我的奶奶宝莲，我的父亲，我的母亲。这就是我要原谅的人！我已经回答了你的问题。你满意了吧？现在，让我一个人静一静吧。

我不知道彭柯莉对于我的答复是否满意。我确实知道我不开心，并开始把我的理由告诉上帝。

想想看吧！如果儿童之家的那些专业人士都没有让我们原谅那些人，那些把垃圾倾倒在我们头上——更有甚者是那些虐待我们的成年人，我关什么要费心去试图饶恕任何人？他们没有请求我饶恕他们！

饶恕能起什么作用？宝莲死了，我的父亲属于脑死亡，我的母亲很可能也差不了多少。他们甚至不知道我是否会饶恕他们！

沉默。

几个星期以来我继续挣扎。随着我在吉尔佛大学四年级的学业变得更加忙碌，饶恕的任务开始与我研究的课题进行艰难竞争。

在1976年秋天的一个早上的祷告时间，我又一次表示出我的不满。

为了超越我的过去，甚至有机会拥有一个真实的、正常的、父母和孩子们一起生活的家庭，这真的就是我必须要做的事情吗？

我不认为我能原谅他们！只是有尝试一下的想法都似乎使我无法忍受。你确定我已经得到了智慧和力量，哪怕尝试着去原谅这三个人中的任何一个吗？你并没有认真对待这件事，对不对？

后来，在我继续这样挣扎的时候，一个明显不是我自己的想法进入了我的脑海之中。这一次，它只有两个字。

开始！

上帝只是厌倦了我的阻抗吗？我不知道。但是我了解到，无论何时只要上帝说话，祷告时间就结束了；那就是让我去思考和反思他给我的信息的时间。

开始？从哪里开始？

对于这样一种旅程的危险，我一无所知。而唯一能承受这种危险的人……就是我。

问题讨论

1. 彭柯莉需要饶恕谁，饶恕什么事情？

2. 为什么罗比怀疑自己无法饶恕他的亲人？

3. 你若是罗布的话，你能够饶恕吗？为什么能或为什么不能？

第二十五章　宝莲

我认真回顾那三个曾经给我带来最大痛苦的人，终于确定把宝莲作为我最容易原谅的一个。

她已经死了；我没有为她流泪。

现在，我设法更多地了解她。我与她的女儿，就是我的姑姑爱丽丝的讨论并没有深入下去。爱丽丝很仁慈，但是不想与我谈论过去。无论是因为"不要自找麻烦"，还是因为她的个人处境问题，我从她那里都没有得到任何收获。

我的心理学教授曾经教过我，要想方设法了解人们的动机，于是我回顾并分析了我对宝莲的记忆。我反复思考她如何对待我的姑姑爱丽丝、姑父迈克、他们的孩子，以及在她家里做家务的佣人。我开始明白，她一直生活在一个不同的世界之中。

在宝莲的世界里，她的目标显得那么重要，以至于她身边的人都要唯命是从，努力发挥他们的作用，履行自己的职责。在那个世界里，一切都是美好的，包括宝莲自己。她把自己看得几乎就是所有妇女的楷模。

然而，她作为一个温柔、富有南方女人味的象征，却不断地对别人和一些观点发起猛烈抨击，这就使她心里很不舒服。她对着我的母亲、黑人或者犹太人大声叫嚷时，总是有言在先："当我这样说的时候，我总是出于一片好心。"

我对这个女人的洞察可以说是足够准确，但是对于我的一些重要问题，我却得不到答案：她为什么不让亚特兰大的某些亲属抚养我？她怎么能拒绝我，不让我有一个正常的童年？我怎么可能会成为她的阻碍呢？

我被难住了。我所有的答案都涉及私事。我小的时候，认为生活一直不好就是因为我自己不争气。即使是现在，我也认为可能有一些事情与我相关——无论我说过还是没说，做过还是没做，在场还是没在场，是这副样子还是另外一种状态，都使宝莲受到了冒犯。

我一次又一次地反复斟酌：到底是什么事？究竟是因为什么呢？

我一次又一次地陷入沉默。

我一直在苦苦挣扎。我回忆起宝莲如何把我叫做她"最亲爱的罗比"，并告诉我她多么爱我。我记得不止一次，她如何对我说："噢，罗比，我真高兴你住在这样一个好地方。"我记得她如何每个月都寄来 60 美元，支付我在儿童之家的账单，还经常提醒我说："我会支付所有的费用。"

在她的心目中，显而易见，我住在一个田园诗般的环境之中，生长在一个舒适的小别墅里，身边环绕着幸福的玩伴和对我关怀备至的保姆。在那么多可供选择的方案中，那个儿童之家是最佳方案，但这只是她的幻想。

尽管如此，这些沉思对于回答我最大的问题无济于事：到底是因为我做了什么才使她转身离开呢？

一天早晨，我带着这个问题叩问上苍，我发现自己在思考一个不会从我而来的问题。之前，它从来都不会发生在我的身上。

没做什么。

我越来越喜欢提出质疑。"没做什么"？你这是什么意思？

我们不是在谈论一个选择不当的词语，也不是谈论一个被遗忘的生日贺卡！我们谈论的是我整个的童年！

沉默。显然，上帝要让我用自己的头脑领悟出问题的答案。

我仍然在困惑之中，直到一位大学校友为我讲述了一个故事。

他结交了一个新的女朋友，但是相处时笨手笨脚；礼拜六晚上，他们一起出去玩。他把朋友送回家之后，独自驾驶着爸爸的轿车返回父母的住宅。他回味着女友与他道晚安时给他的那个难以置信的亲吻，却错过了一个弯道，径直冲向一根电线杆。

幸运的是，他并没有受伤。但是，那辆轿车被撞坏了，需要特别的维修。

"我感觉非常糟糕，也很愚蠢。"他告诉我。"我爸爸非常恼怒。他想从我的呼吸中闻闻我是否喝了酒，又闻闻我的衬衫，看我是否吸食了大麻。他甚至要求警察给我做酒精测试。即使这些事情我都没有做过，我仍然感到很为难。爸爸一整夜不停地大声叫嚷：'你怎么能对我做出这种事来？'"

"你对他说了些什么？"我问。

"在相当长的一段时间里，我什么也没有说。我爱我的爸爸，也很理解他。他只是需要发泄一番。教堂敬拜之后以及午餐时间，他又提起那件事，但是这一次他的情绪不是那么激动了。我只是说：'爸爸，不是因为你。这与你一点关系都没有。我当时想入非非，所以犯下了一个错误，一个严重的错误，但我没有故意伤害你。这是我的愚蠢与粗心大意造成的。这与你一点关系都没有。'"

和朋友谈完话，我出去走了很长一段路程。

上帝啊，你有时候会采用一种奇怪的与人沟通的方式，真的很奇怪！

我知道上帝并没有为了给我一个教训而造成破坏，但是我在学习一些功课。宝莲的行动会不会与我有微妙的关系呢？她迫使我在孤儿院里长大，而不是让我与一位富有的叔伯爷爷住在一起，这是否可能根本就不是因为我呢？

也许她不愿意母亲到亚特兰大去看望我，或者不想面对更糟糕的结果，根本不想让母亲搬迁到亚特兰大。也许，宝莲只是想假装这些事情不存在，而避免那些不愉快的事情。

难道说，她从来就没有意识到她对我很残忍吗？毕竟，她假定我生活在她创建的那个美好的幻想世界中。在另一方面，也许她只是过于热衷于自己的想法，而想不到我可能会受到怎样的影响。

我知道，整个过程中总会有从宝莲而来的持续性影响。但是，她现在已经死了，不会再直接伤害我了。我不得不提醒自己，她在过去所做的事与现在的我已经没有任何关系了。

如果内心有声音告诉我，我被宝莲拒绝一定是我的问题造成的，那么我就可以回答，她就像我的那位大学密友。正如他的事故并不是故意针对父亲的行为，宝莲的行为也不是针对我而来的。我已经花了数年的时间反复思考我到底做错了什么事，也许那根本就与我无关。

我在明白这件事的时候并没有觉得欢乐，然而那是我朝着宽恕之路迈出的一步。我对这个问题苦思冥想了几个星期之后，我终于到了一个地步，使我可以虔诚地为此祷告了。

"上帝，宝莲伤害过我，但是我不相信她是有意为之。我相信她只是为了让自己的生活更轻松一些。她是自私的，也正是因为她总是自私，所以伤害了很多人，不仅仅是我。即使她永远不会知道，我也原谅她了。如果我对她的愤怒死灰复燃，请你帮助我再次原谅她。"

上帝回答了那个祈祷。他帮助我摆脱了对宝莲的愤怒："东离西有多远①"，他把我的愤怒也扔得有多远。

我饶恕了一个人，还有两个尚待饶恕。

饶恕宝莲一直是一件艰苦的事情，但是我很惊讶地发现，这并不是不可能的。

原谅我的父亲将会困难得多。

问题讨论

1. 你愿意饶恕宝莲、罗布的母亲或父亲吗？为什么？

2. 你是否饶恕过一个难以饶恕的人？过程和罗布描述的一样吗？请解释一下。

---

① 参看《诗篇》103：12 。

第二十六章　父亲

当我开始寻求去理解我的父亲，我想到的第一件事就是吉姬讲过的婚礼家具的故事。这似乎能够说明我父亲肯定努力争取过，要在那个战场中生存下去。

一座房子可能是一个男人的城堡，但是一般说来，装饰它似乎是妻子津津乐道的事。当然，在宝莲的世界中并非如此。她从 1600 公里的遥远之地做出了精心策划，我敢肯定，她会觉得那是了不起的结婚礼物。她没有与儿子或者他的新婚妻子讨论这个问题，就雇了搬运工到这对新婚夫妇的公寓里去，拆旧换新，重新布置了室内的全套家具。

置换这些全新的红木家具代价昂贵。而且还是全套家具，有沙发、椅子、灯具、灯架、餐桌、矮茶几、五斗橱、梳妆台、大镜子、书桌，还有一张特大号的床榻。

我试图想象，当我的父亲打开门，带着他的新娘跨过门槛时，他的脸色会有什么变化。他们原先的家具都已经荡然无存。他们舒适安逸的新家已经改变了模样——变为另一个女人特有的南方大厦的模样。

不难想象母亲看了以后暴怒的情景。多年以后，她每次说话时都会迸出这样的字眼："你的父亲是一个愚蠢而又懦弱的人。他从来没有一次站起来直面那个密谋策划的女人！"

我也不难想象我父亲当时进退两难的困境。他陷入了两个固执己见的女人之间，不能自拔。

根据吉姬和妈妈曾经对我讲过的父亲的事，我知道他很不喜欢与人当面对质。我能想象得到，他在小时候就明白，服从宝莲的意愿是最容易遵循的途径。这就要他去学习如何处理母亲不受控制的愤怒。

也许他会设法解释，说那些家具物有所值，是他自己无法提供的，他们保留那些家具是明智的选择，从而帮助母亲冷静下来。当然，如果那份礼物的价值是一百万美元，她原本也不会在意。她的愤怒基于这样的观点："可以推定，那个女人会干涉我们的生活。"

于是，他陷在一个咆哮的妻子和一个"要帮忙的"母亲之间。我读过但丁的《地狱之旅》，她们两个很可能就像书中折磨人的鹰身女妖一样；而我的父亲根本就无法找到任何方法，使自己从她们的爪子和不断的啄食中解脱出来。

当我试图去了解父亲在广告业工作的事情时，我走进了死胡同。吉姬不认识任何一个与他共事的人，爱丽丝姑姑也想不起来他以前在亚特兰大的任何一个朋友。但是我知道广告业是一个过分苛求的、压力很大的领域；他可能每天都在沉重的压力下辛劳。

我的出生和母亲的情绪波动，肯定逐步增大了他的压力，绷紧了他的神经。

"不止一次，你的父亲回到他们的公寓，发现你独自留在家里，就会急得发狂，然后给我打电话。"吉姬告诉我。"你裹着脏兮兮的尿布，躺在婴儿床上，饿得大哭。而你的母亲又无处可寻，也没有留条说明她到什么地方去了。

"在这期间，乔伊斯甚至夜不归宿。当她真的回来了，也从不说她去了什么地方，甚至也懒得解释为什么把你独自留在家里。她只是表现出好像什么都没有错似的，而当你那可怜的父亲询问她，她就会勃然大怒。他只好罢休。说来也很奇怪，似乎每一次你父亲懒得去面对她，也不要求任何解释，你的母亲似乎更不尊重他。好像在她的脑海中，你的父亲已经从一位拯救她的王子变成了一只懦弱的癞蛤蟆。"

我对吉姬的坦率感到惊讶。她继续温和地与我分享，说道："我一直觉得，那个可怜的罗伯特求助于酒精来缓解他的压力。家里的一切事情都变得更加糟糕，他们的婚姻关系不断恶化，他喝酒也越来越多。我推想，当他试图在工作中隐藏自己的烦恼，酒精却为他的生活添加了另一个层面的冲突和困难。而你的母亲也沉湎于酗酒之中，并且服用一些使自己陷入麻醉状态的药丸。罗比，那真是一种可怕的情景，对此我又无能为力，无法阻止。"

虽然我确实同情我的父亲，但是我不忍心称他为"可怜虫"。在那种情形下，他肯定还可以做出别的选择。

不久，我就面临着一个棘手的问题。我的父亲怎么会离开他的妻子和儿子，回到他那位专横而又作威作福的母亲那里去了呢？如果他离开了芝加哥，并且带上了我，我可能会明白。

但是，父亲既然知道母亲没有很好地照看我，为什么又会把我留给她呢？

对于这些问题，我无法找到答案。

至于我父亲的自杀企图，我作为一名大学生在危机热线当志愿者的时候，曾经学过一些与这个主题有关的东西。经常有人告诉我，企图自杀的人经常谈论一种令人感到窒息的绝望。有些人觉得他们正淹没在绝望、失败之中，认定自己毫无价值。许多人有一种沉闷的感受，认为自己得不到爱，而且完全是多余的。

这种阴暗的心理使受害者把理性和自我保护的动力弃之一旁，最终把他彻底吞没。大多数人陷入困境时会高声喊叫，寻求帮助，但是在一个预谋自杀之人的心意中，并不会发出呼救的呐喊。

设法弄明白围绕着我父亲的黑暗是一件痛苦的事情。但是我不得不回答一个一直困扰着我的问题：你怎么会忍心撇下我？

最后，一束模糊的光线开始从地平线上划过。

就像宝莲的情形一样，难道说我父亲的选择与我根本无关？

如果我的父亲现在能够理性地谈话，他会说些什么呢？我想，他的话也许会是这样的："儿子，绝望的乌云深深地遮蔽着我。我心中存留的一切就是生存下去的动力，就是在身体和情感上保护自己。我太压抑了，那种沮丧是如此强烈，它超越了我的理性，我根本就无法关心其他任何人。"

在我的父亲离开芝加哥之前，他的心也许早就离开了我，对我失去感情了。随着他的职业生涯和婚姻的崩溃，他可能觉得自己就像一个破产者。想到要在他的母亲面前承认自己所受的这些重挫，他的阴郁必定变得越来越严重。

当他承认自己的生命被撕成碎片时：我几乎能听到宝莲的回应："罗伯特，当年我向你建议最好不要与乔伊斯结婚，我对你只有最好的意图。如果你早就听从了我的话，就不至于混到今天这个地步。"

我确实不知道当时的情形，但是猜想我的父亲从来就没有去寻求帮助。如果他这样做了，对他心理问题的辅导也不会有效。我也不知道他为什么选择住在宝莲家中的地下室里，以此来作为他痛苦的最后表达。也许他曾大声抱怨，希望有人能够听到。也许，他有意识或无意识地想在那个地方打击他的母亲，使她受到最严重的伤害，让她在社会地位方面感到难堪。

我不知道为什么我的父亲不能处理他面临的压力，或者正确地认识压力。在我看来，他早就应该找到一份压力较小的工作，并且早去寻求婚姻辅导。他本来应该去看有关的医生或者辅导专家。他早就应该请他的妹妹爱丽丝或者是请他的岳母吉姬来抚养我，这样他就能为他自己和妻子寻求帮助。

我再一次被困住了。我想了解这个人，这样我才能真正原谅他。我开始对自己的想法感到惊讶：这个陌生人曾经如此显著地影响了我的生活，如果我到精神病院去，最终和他见次面，会不会对我有所帮助呢？

有一次我到亚特兰大访问，其间我和阿诺德叔爷爷谈到这件事。

"出于对你祖父米歇尔的爱，"他说，"我每月都去看望你的父亲。但是，你必须知道，当你访问他的时候，他根本不知道你是谁。我与医院的医生们谈过你要和我一起去探望。他们告诉我，如果他真的知道你是谁，他可能会有剧烈的反应。那不是因为你，而是因为你代表着他失败的生活。

"罗布，你告诉过我，你对自己的父亲没有任何印象。但是请你想一想，一个人可以行走，但是不会自己穿衣服；一个人说不出一句完整的话；一个成年人必须经常带着尿布，因为他不能控制自己的膀胱……这些事会给你留下什么记忆？孩子，我会成全你。如果你坚持，我会带你到那里去，但是你为什么要在自己的心目中留下这样一幅图画呢？"

阿诺德叔爷爷的劝告使我陷入挣扎之中。最终，我同意了他的意见，我在脑海中还是不留下关于我父亲的清晰画面更好。

当我与上帝谈及此事，心中感到很无奈。这样看来，你要我原谅一个我并认识、不了解、实际上从未见过面的人吗？我就不能先有某种程度的了解吗？

我曾经对宝莲做过结论；又经过一些日子的挣扎，我得出了同样的结论：我的父亲选择出走并试图自杀，与我没有任何关系。

我向上帝倾诉说：但是，即使我接受这样的说法，我还是没有得到真正的帮助。父亲应该爱他的儿子。对于他的家人来说，他应该是持续不变的力量源泉。他应该是一个保护者、防卫者，应该是行为的榜样。他应该是那个教他的儿子们怎样刮胡子、如何努力工作、怎样理解妇女的人。这都是些天经地义的事，他怎么能离开呢？

我知道，其他数以百万计的人都会对他们父亲提出同样的质问。只是，这个事实对我几乎没有什么安慰。

有一天，我与一群想成为救生员的青年男女一起工作，我内心的挣扎发生了一个意想不到的转折。

他们每个人都在游泳池的深水区做踩水动作时，我对他们解释说："如果受害人不愿意停止在水中乱动，你们就要深吸一口气，潜到水下，牢牢地抓住他的腿。要使落水者的身体弯曲，好让他的背对着你的脸，然后用你们的双手紧紧抓住他，带着他'往上走'。"

"这样做就能控制住受害人，并使他有一种被抓住的感觉。当你使他受到控制，你就可以浮出水面，但是不要放松，仍然要强有力地抓住他。把你的右臂从受害人的右肩上伸过去，越过他的胸膛，让你的手指弯曲，紧紧钩在他的左腋下面。对于大多数惊慌失措的受害者，这样就会使他们立即平息下来。"

我为一个学生做了演示，然后让他们所有的人都和我一起做同样的动作。"现在要动真格的了，"我警告说，"不是所有的受害者都会是被动顺从的，我就不会。你们出来一个人试一次，接着是下一位，然后我们重复做。"

当他们试图营救我的时候，我又踢又打，甚至爬到他们的头上，还在水下揪住他们。随后，那群吓得晕头转向而又筋疲力尽的青年男女看着我，好像我是个疯子。

"你差点杀了我！"一个气喘吁吁地说。

"我是在救你呀！"另一个发出这样的挑战。

"我以为我要死了。"第三个抱怨说。

我解释说，惊慌失措的受害者就是这样行动。"在危机时刻，他们没有足够的理性认识到你要试图营救他们。"

"但是，罗布，"一个学生抗议说，"这样的话，我们和受害者都会淹死！"

这当然是我的观点。"永远，永远都不要忘记了规则，"我说。"只有一个人淹死总比两个都淹死好。"然后我补充说，"如果有些人不让你营救他们，你就谁也救不了。"

后来，我独自在更衣室里洗淋浴，我意识到这件事多么适用于我。

也许，我的父亲试图挽救他自己的时候，不得不放开我。也许，他已经横下心，如果他无法解救自己，他也救不了我。也许，他希望生命之河会善待他的小男孩，把我冲向一片宁静的海湾。

我为我父亲的决定感到遗憾，他看起来就是这样一个怯懦的人。但是我知道，我的痛苦无法改变过去。如果我想继续前进，我必须真诚地原谅这样一个人——他缺乏智力方面的能力，无法明白他所做的事意味着什么。

我站在淋浴的热水中，我满怀感激地回忆起那次乘坐巴士的情景：那位创造宇宙万物的主已经明确表示，他要收养我。顿时，我感觉自己好像站在能够使伤口愈合的雨水下面，我平静地放弃了对父亲的怨恨。我童年时代的"污垢"似乎都被冲洗得一干二净。

我深深地吸了一口气，然后慢慢地呼出去，如释重负。

踏出了两步，还有一步需要跨越。

宽恕我的母亲会是所有任务中最艰巨的一个。

问题讨论

1. "你怎么会忍心撇下我？"不仅孤儿院的孩子会问这样的问题，人们还会在什么情况下提出这样的问题？

2. 罗布父亲的自杀企图如何影响其他的家庭成员？

3. "如果有些人不让你营救他们，你就谁也救不了。"这句话是什么意思？

第二十七章　母亲

　　试图理解母亲的过程，就像不断跌进萨尔瓦多·达利①那种笼罩着卡夫卡②式梦魇的绘画之中。

　　有时，看起来似乎也能领会她那些问题的要害。然后，另一种不愉快的记忆就会出现，原先把握的基本问题又会荡然无存，让我觉得自己不得不重新从头开始。

　　我在童年时代受过那么多不公正的待遇，这位女性就是所有坏事的象征；而且地陪我的时间也不够长，没有给我足够的时间去了解她。我怎么能原谅这样一个人呢？

　　作为一个小男孩，我一直被她的行为搞得稀里糊涂，她

---

① 萨尔瓦多·达利（Salvador Dali，1904-1989），著名的西班牙加泰罗尼亚画家，也是20世纪最有代表性的画家之一。他的作品多描绘与梦相关的超现实主义画面。代表作有《记忆的永恒》（又称《软表》，1931年）、《内战的预感》（1936年）和《由飞舞的蜜蜂引起的梦》（1944年）等。

② 弗朗茨·卡夫卡（Franz Kafka，1883-1924），20世纪最有影响的小说家，出生在布拉格一个讲德语的犹太家庭。代表作有《变形记》、《审判》和《城堡》等，表现出现实生活中人的异化与隔阂、心灵上的凶残无情、亲子间的冲突。

在我身边的时候，我也不知自己该怎么做才好。作为一个年轻的成年人，我知道社会和《圣经》都告诉说，我应该尊重我的父母。但是，我怎么能尊重这样一位母亲？她绑架过我，让我离开吉姬，然后醉得东倒西歪地出现在我的初中毕业典礼上！

我还记得有一次，母亲经历了短暂的稳定时期。那年夏天，吉姬和我到市中心去，与她会面，共进午餐。母亲身材修长，穿着时髦的衣服，看起来很漂亮。当我们走出她在工作的大楼时，人们都转过身去看着她。我的心中涌起一丝骄傲和希望之光。

不幸的是，那种稳定性就像春天解冻时的雪人一样很快消失了。妈妈住进了另一个公共收容机构，后来，又流落街头。

更多的电击疗程和无数的药品都未能改善她的病情。当她被放出来之后，她开始酗酒，不肯服用医生为她开的处方药。

当我到了青春期，儿童之家的那些心理咨询师都鼓励我要对母亲有同情心，因为精神病是她怪异行为的根源。但是经过这么多年的动荡，事情变得似乎太严酷，使我无法同情她。

妈妈决定把我送到孤儿院里去，是我原谅她的一大绊脚石，特别是当我了解到她还有另外一种选择的时候。显然，母亲在她的身体开始复原的时候，医院的一个牧师曾设法让她请吉姬照顾我。但是妈妈不听他的建议，说什么吉姬是"上流社会"的主妇，她不愿意因我而受到打扰。

不管我如何努力，我都无法理解这样一个明显是残酷的、恶意的选择。

在那些日子里，当我看到母亲时，心里很不情愿。头年夏天，她住进了另一家过渡教习所，靠近十几年前我们就领教过的那座阴暗的公寓大楼。有时候，应吉姬的要求，我强迫自己去看望她——当然只是短暂拜访。

在那家过渡教习所，招待员从防弹玻璃后面问候进来的人，只有在他们出示身分证件后，才让他们进去。妈妈讨厌那种繁琐的程序。"我都50多岁了，他们对待我还像一个小孩子，"她嘟嘟囔囔地抱怨道。"那些工作人员做起事来就像一些动物园的管理员似的。很明显，他们不认为我们中间的任何人会恢复健康，可以自己单独生活。他们吹毛求疵的规则快把我逼疯了。"

她的房间不够大，刚刚能放下一张小单人床、一个梳妆台和一把椅子。工作人员坚持让她每天早上吃早饭之前把床铺整理好，然后完成日常琐事列表上规定的任务。她所做的每一件事都会在一个系统中记录下来，赢得积分，使她获得额外零花钱的奖励。我想像得出，那个地方对她有好处，至少可以为她提供一个庇护所，免得在大街上像以前那样备受凌辱。

我们一起坐在附近的一个小餐馆里，花上几个小时一起进餐。因为她要数出一些五分镍币、一角硬币和两角五分的银币付账，我总是点最少的饭菜，而且只喝水，不喝别的饮料。

有时候，母亲说起话来尚能连贯一致，但是刚过一会儿，她的谈话就会变得离奇古怪。她提到自己如何无家可归，挨饿、被人殴打，甚至遭到抢劫。我不知道她是否曾靠卖淫维持自己的生存；她从未说过，我也从来不问。

偶尔，她会把自己有限的《圣经》知识编织在一起，为自己做出预言。有一天，她谈及我未来的妻子："罗比，我每天都在祈祷，使你能找到一个合适的女人。你一定要把她带到这里来，把她介绍给我。我会告诉你，她对你是否的确合适，在那之前，不要做任何蠢事。"

是啊，没错！我想。我根本不想带她来。

一天晚上，为了设法更多地了解她，我想起非洲的雨季。那里的暴风雨云看起来就像紧贴着地面盘旋；闪电频繁地划过，面目狰狞。我住的那座小棚屋的地面会摇动，让我想跑到一个更安全的地方。

从精神的角度来看，我不知道母亲是否总是处在这样的风暴之中。我从来不知道医生对她正式的诊断结果是什么。偏执狂？精神分裂症？躁狂抑郁症？所有这些病症都有，还是其他什么疾病？不管怎么称谓，那是一场不可预知的噩梦，交织着沮丧、酗酒、痛苦、愤怒和迷惑。

我对她既感到同情，又因为她而感到愤怒。当然，有一件事永远不会改变：我不想让她出现在我的生命之中！仅仅想到与她打交道的事就会使我产生翻肠搅肚的巨大痛苦。

她打算在我结婚时参加我的婚礼。我将如何处理这件棘手的事？我怎样才能对她瞒着这件事呢？如果她发现自己没有得到邀请，难以预测她会做出什么事来。如果她和我的妻子相见，谁知道她会如何评论我的妻子？

不过，我还是提醒自己，我的母亲实际上处于赤贫状态。她到格林斯博罗去的唯一途径就是搭便车，在她生命中的这个阶段，确实是一个她无法应付的挑战。

尽管如此，担忧还是不断涌现。如果我真的要结婚，她就会拿出一些愚蠢的计划并且宣布，"好吧，既然我是你的母亲，我为什么就不能与你生活在一起呢？那样你就可以照顾我了！"

如果我真的会原谅她，我要如何处理这个问题？

还有，我要怎么告诉自己的孩子？我将不得不对他们隐瞒他们有一个患有精神病的祖母吗？他们需要知道她是一个精神错乱、住在过渡教习所中的老人吗？他们没有必要去看望她，也不必面对她！

这并不是说母亲是邪恶的；我知道她只是病了。有时，我为她感到忧伤，因为她被一些显然没有解脱希望的问题所困扰。在其他时候，我又想起了自己儿时由她造成的大量痛苦，对她的见解又变得严厉起来。

我在设法原谅宝莲和我的父亲时，曾经遇到过不可逾越的障碍，而现在理解母亲的尝试更加艰难。我无法穿越乔伊斯·米切尔心中、灵魂和精神上的混乱。我所能做的最好的事情就是把她看作一个受害者，她不断地挣扎，努力摆脱她精神上的黑暗，只是想不到还会被拽回老路上去。

但是那还不够吗？"十诫"中的第五条就是"孝敬你的父母"，这句话不停地困扰着我。我怎样遵行这条诫命呢？我真想拒绝。我怎样才能孝敬一个从未做任何事情值得我去敬重的人呢？

在与这样的想法经历了无数个小时的搏斗之后，我得出了一个艰难的结论。从某种意义上说，乔伊斯·米切尔已经放弃了她作为我母亲的权利。

不可否认，她给了我生命。但是这并没有完成她的工作。母亲应该爱自己的孩子，精心照顾他们，而在我的心目中，她也没有尽到责任。

我最终决定，对于那位生育了我的女人，我的孝敬就是原谅她！现在是时候了，我要停止继续对她抱有怨恨，时间在向前推进，不论她是否一直对自己的行为负有责任，我都不要再论断她。

但是，决定去原谅一个人，与把这一决定付诸于行动不是一回事。从逻辑上来讲，我知道宽恕是迈向医治我的心灵创伤的至关重要的一步。但是从感情上来讲，不管我如何努力，都无法作出心灵的回应。

上帝啊，我到底应当怎么办？我这样祈祷。我怎么能原谅这个曾经伤害过我、让我难堪，而且虐待过我的人呢？

又是一阵熟悉的沉默。

一个星期天的下午，这场争战达到了高潮。我的腹部疼痛，可能是胃溃疡；为了消炎，我直接对着一个装着抗酸剂的瓶子大口地喝个不停。那一天，药瓶都空了，我的溃疡却在不断扩展。

我走到校园附近的一家药店。关门了！我只好捂着自己的肚子，拖着沉重的脚步走回宿舍。

室友度周末去了，我坐在床边，俯下身去，感觉死亡就要临近，我伸出手去拿过《圣经》。"请帮助我。"我祷告说。

我轻轻地打开《圣经》。我读到里面的这段话："你们要将一切的忧虑卸给上帝，因为他顾念你们。"

我以前见过这句经文，但是这些单词就好像为填补这一时刻的需求特别送来似的。我慢慢地跪下来投降了。

上帝啊，我放弃了抵抗。我放弃了原先的一切。放弃了自己的焦虑、伤害和痛苦。我此刻还不能原谅她，但是我要把对母亲的愤怒都卸给你。求你了！接过去吧……

我在地板上跪了很久。最终，我找到了挺身站起来的力量，又在床边坐下来。

不到一个小时之后，我的溃疡疼痛就已经消失了；深沉的睡意袭来。当星期一早上破晓之时，我依然没感到任何痛苦。

两个星期之后，溃疡显而易见消失了。心中一直以来的焦虑、伤害和愤怒也都随之而去。

那个礼拜天之后又过了大约三个星期，我问自己说：罗布，你现在准备好了吗？你准备好原谅你的母亲了吗？

尽管焦虑使我感到一阵阵刺痛，我的胃里也在上下翻腾，我还是意识到上帝已经向我表明：在他没有不能办成的事。于是，我大声祷告说："我不希望这会成为一个谎言。我不希望愚弄自己。如果我真的没有诚意，我也不想来向你寻求帮助。"

我求上帝帮助我，赐给我一颗平安的心，让我知道我是否已经为此做好了准备。在接下来的一周里，一种神圣的平静守护着我的心思意念。我知道那个时机已经到来。

就在 22 岁那年，我跪了下来，终于祈求上帝帮助我原谅我的母亲。

自从我开始寻求原谅宝莲和我的父母，已经过去了三个月的时间。我的心路历程不会终结，但是我知道，我的伤口现在就会停止溃烂。最终，它们会愈合，即使伤疤依旧存留。

既然选择了不因童年时代的创伤致残而成为一个受害者，我就感到了自由——好像沉重的锁链已经从我的双腿上解除。无论生命之河把我带向何方，我都可以自由地移动了！

我知道自己希望那条河流会把我引向哪里。我从来没有放弃过自己的追求，我想要一个真正的家庭。

这个梦想只有凭借一位妻子的帮助才能成为现实；如果我能找到这样一位贤妻的话，她一定不会在意我的过去。

问题讨论

1. 如果你遇到一个从未听说过萨尔瓦多·达利或卡夫卡的人，你该如何解释本章开头的句子？

2. 对一个想要放弃自己的苦毒、愤怒或仇恨的人来说，什么是最艰难的？

3. 饶恕让罗布脱离了受害者的心态。为什么这一点很重要？

4. 你如何帮助一个在情感上受伤的人开始医治之旅？

第二十八章　一群失落的男孩

　　能够成为罗布·米切尔太太的人还在遥远的地平线上。我成家的努力不得不处于等待状态。但是，随着大学四年级逐渐过去，我也有机会了解，自己是否能与孩子们建立联系。

　　当然他们不只是普通的孩子。他们也是一些弃儿。

　　在我读大三期间，我已经在大学校园附近的一座教堂里担任青年团体的负责人。到了大四，我签约担任"纳特绿色之家"的志愿者，这家机构位于格林斯博罗城外，负责对问题男童的管理教育，我感到自己也许能有所帮助。不久，我应邀带领一个在每个周一晚上举办的联合查经和讨论小组。

　　这个儿童之家包含一组学生宿舍管理员和八个对生活感到失望乏味的青少年。这群"囚犯"就像那些与我一起长大成人的伙计们一样；我对他们的问题实在是太熟悉了。

　　没过多久，他们就向我发起了挑战。

　　"你以为你是谁？"一个12岁的少年表情严肃，出来和我单挑，明目张胆地对我说："你不会明白我们是从哪里来的吧？！"

我一把抓住他的衬衫，用一只手把他从地面上拎起来，压在墙上。就在他的两脚蹬来摆去、眼睛鼓出来的时候，我用平静的声音对他说，"你根本不知道我从哪里来。现在你坐下，我说给你听。"

我让那个男孩"扑通"一声落到在椅子上。他凝视着我，其他小子们默默地坐着，他们自己选出的小头头受到这样的对待，让他们惊得目瞪口呆。

"现在，我要求你们专心听我讲……"我说。"你们有充分的理由相信，没有任何成年人能理解你们的处境。你们可能是正确的。他们中的大多数人会同情你们，但是，因为他们从来没有遭受过你们经历的痛苦，所以他们真的不明白。

"嗯，可是我确实理解。我就有过那样的处境。我在三岁那年就被遗弃了，被塞到一所孤儿院里，此后的十四年，我在那里度过了我的童年和少年时代。在十七岁那年，他们给了我一张单程巴士票，让我前往自己想去的地方。从那以后，我形单影只，漂泊流离。"

八双眼睛睁得更大了。没有一个人说话。

"相信我吧，"我补充道。"我理解你们！"

在最初的震惊过去之后，这个小团体爆发出许多问题。

"那时你住在哪里？"

"伊利诺伊州。"

"你当时只有三岁？"

“是的。”

“到底发生了什么事？”

“我的父亲抛弃了我们，用一把枪对准了自己的脑袋，然后扣动了扳机。”

“我的父亲在一次争夺毒品的搏斗中被打死了！你爸爸自杀身亡了吗？”

“没有死，但是他搞砸了自己的大脑。他将在精神病院中度过余生，直到去世。”

“我的父亲还要在监狱里待上十年。我有时去探望他。他一点儿也不在乎。你曾经见过你的爸爸吗？”

“没有，我没有去看他。他不会知道我是谁。”

“那你妈妈呢？她在哪里？”

“她是一个无家可归的女人，流落在芝加哥的街头，不断进出收容所和过渡教习所。”

“我的母亲是个酒鬼。”

“你有祖母照顾你吗？”

“可以这样说吧。她很伟大，但是既穷又老。她住在芝加哥。”

“我的祖母照顾我，除非我惹上麻烦。然后，她把我送到类似这里的地方。这里比我待过的其他大多数地方都更好。你有兄弟姐妹吗？”

“没有，就我一个人。”

"我的哥哥死了。姐姐们都结了婚，也都有了孩子。"

虽然没有人透露他的故事的全部内容，但是他们都希望知道我的故事的细节。我回答了他们每个人的提问，但是没有急切地要求他们提供自己的信息。我知道还将需要一段时间，他们才能信任我。

不到几个星期，他们就放松了，承认我也是他们中的一员。我谈到自己在他们那个年龄的感受，以及我如何处理孤独、愤怒和个人的问题。他们似乎都在迫切地寻求忠告。

我一直避免与"正常人"谈起我的童年；这会让我自己显得格格不入。但是在这个地方，没有问题。

对于这些男孩子来说，他们看到了有人花了 14 年待在儿童之家那个"体制"中，但是能够生存下来，而没有被关进监狱，甚至差不多就要完成大学学业，这似乎为他们提供了希望，也许他们也可以这样做。我开始思考，讲述我的故事可以帮助其他感到被遗弃、没人关爱、孤独、被拒绝、愤怒，或者精神反常的人。在我做志愿者的那一年，几个男孩子做出了信仰的承诺，发誓要使他们的生活向着积极的方向转化。

在我知道这一喜讯之前，我自己生命中的一个重要转折点也越来越近了。我曾经怀疑过这样的大事能否发生在自己身上。

我就要从大学毕业了。

我还能记得，我从前想过自己甚至永远都不能在大学注册。儿童之家的许多成年人曾告诉我说，据他们所知，20年来，或许在更长的时期，那家孤儿院的孩子只有另外两个从大学毕业。

在我看来，我的毕业证书不只是为我颁发的。它也是为了一直相信我的外祖母吉姬，为了儿童之家的那些男孩和姑娘们——他们必须认识到，像我们这样的孩子，也有可能取得大学学位。

1977年一个美丽的春日，我终于迎来了毕业典礼。当我坐在自己的座位上，拿着我的毕业证书，情感的波浪冲刷着我的心田。我藏在心底的热泪情不自禁地涌流出来。

我没有为自己哭泣。我痛哭流涕，不仅是为了所有还没有走到这一步的弃儿们，也是为了那些仍然有机会踏进大学校门的孩子们。

上帝啊，我向你祈祷，帮助我吧！还有许多人仍挣扎在伤痕累累的过去，求你让我成为一名鼓励他们的人！

我不知道自己所求的事会如何发生。事实上，我根本就不知道自己的前途究竟会如何。我对读神学院感兴趣，但是没有储存足够的钱可以用来上学。我也确实希望，能进行一次跨越全美国的狩猎式旅行。

为了这次旅行，我在一家造纸厂找到了一份工作，以便挣一些钱，早日上路。我从一个住在城市边缘的寡妇家租了一个便宜的房间。从我住的地方到那家工厂的往返旅程有48

公里远；天气好的时候我就骑自行车去上班，好节省一些汽油钱。我的同事还认为我是个疯子。

我变得再也不用像童年时代那样生活了，这种感觉真好。尽管如此，我想知道自己是否能做那么多的事情——在教会的青年团体服侍，还要为纳特绿色家园工作，但是我想对自己和世界证明，我再也不只是一个从孤儿院出来的孩子了。

我一点也不知道，如果我自己不搞砸的话，我就要遇到一个人，她也许能帮助我实现我一直追求的梦想。

问题讨论

1. 罗布在教会青年团契和绿色家园针对弃儿的工作，如何显明他已经从童年的阴影中走了出来？你认为是什么帮助他做到这一点？

2. 罗布为什么会在大学毕业的时候热泪盈眶？

3. 阅读罗布在毕业典礼的祈祷。你也会这样祈祷吗？为什么？

第二十九章　追求苏珊

大学毕业典礼几个月之后，我的朋友大卫邀请我重返校园，去访问过去两年间我一直带领的查经班。十月份下了一场罕见的大雪，几乎使我无法成行，但是在最后一分钟我还是去了。

城对面还有一所学院，大卫的女友安妮特说服了她的两个朋友同行，打算与大卫和他的一些足球密友一起到吉尔佛去玩雪。当女孩子们未经事先宣布就出现他的房间里时，大卫说："太好了！但是查经结束后再去。"那三个女孩都是基督徒，听了以后同意参加我们的查经。

我一到会场，23岁的我惊讶得目瞪口呆。我几乎停止了呼吸。

那里站着一位我有生以来所见过的最美丽的女子。她那闪耀的金发像瀑布一样落下，几乎垂到腰际，衬托出的身影会使任何女人都产生嫉妒。我的心跳加速；我神魂颠倒，完全被她迷住了。

在接下来的一个小时里，我很难让自己的思绪集中在查经上。

上帝啊，请你帮助我，"新造的我"这样祈祷说。我希望能与她建立联系，让她还是个单身女子吧。帮助我给她留下美好的第一印象，帮助我保持纯洁的心思，就像你所怀的意念那样。

那个"老我"却一直在想：哈哈！这只猎犬就要冲出去打猎了！

查经的结束祷告之后，我过去与很多从前的同学打招呼。接着，我瞅准机会走到安妮特和她的朋友们身边，拥抱了安妮特，并且认识了一个名叫菲利斯的女孩，然后我转过身去，面对着那个金发碧眼的美丽姑娘。

内心的混乱使我的大脑一片空白。我对于自己口中该说些什么缺乏自信。

她用一个温和的南方淑女的方式和我握手，说道："你好，我是苏珊。"

我终于意识到她正在优雅地试图从我紧握的手中抽回她那只手，很明显，我已经握得太久了。我开口说的话很有才气："这样说来，你们两个姑娘和安妮特一起读大学？"

苏珊神情古怪地看了我一眼，但是回答说："是的，安妮特和我都在室内设计专业。"

"请原谅我，不过那是什么？"

我对自己的问题感到厌恶。住口！不要再谈了！

"为住宅和商业用地作空间规划。"她回答说。

我在心里告诫自己：注意听她说，你这个笨蛋。她的回答很精简。你要集中精力好好听。

苏珊反过来问道："罗布，那么你学的是什么专业？"

"我在春天就毕业了，正打算进入宣教机构。"我只知道这样说会打动她。

"哦，哪个教会宗派的？"

我一时不知道什么是正确的答案了，于是，我最后说："基督教。"第一印象也就这样不了了之。

"嗯，很高兴见到你，"苏珊很有礼貌地说。"我们必须走了。"她转过身去，与翻着白眼的安妮特和菲利斯一起离开了。

我想追上她，但是没有动。我想大喊："等着我！"但是没有说话。

大卫一边窃笑着与我挥手再见，一边跟在她们后面出去了。我不敢尾随他们；苏珊的形体语言似乎已经表明，我对她的兴趣不会得到回应。

尽管如此，她并不知道自己正在与谁打交道。

在这位女子身上有一些特别之处。这不仅仅是她惊艳的美丽。我不敢确信自己的决定是否产生于自我、强烈的欲望，或者出自更深的动机。但是，我开始计划我的下一个步骤。

由于苏珊和安妮特住在同一个门厅里面，我恳求大卫把最靠近苏珊宿舍的付费电话的号码告诉我。我也恳求他不要把我如何得到她电话号码的事告诉苏珊；我希望在她完全认定我不会成功之前，能够寻找机会请她出来谈谈。

三个星期里，我试着反复给苏珊的宿舍打电话。由于担心她一旦知道是谁打电话就会拒绝我，我从来没有留下自己的名字。

一天晚上，我终于与她联系上了。当我听到她的声音，我几乎说不出话来。最后我说："苏珊，我是罗布，大卫的朋友。我们几个星期前在一次查经班上遇到过。"

"是的，我记得。"她很有礼貌地说，但是没有热情。

"我敢肯定，那个晚上我没有给你留下什么好印象，"我引用已经排练过的话对她说。"但是我真的希望能有一个低调的机会，花一点时间与你在一起，使我们可以逐渐互相了解。那样的话，我会非常感激。我们也许可以一起看电影，或者做别的事情；你在接下来的一两个星期方便吗？"

我已经做好了被拒绝的充分准备，所以屏住呼吸等待着回音。

"只要是低调的，就没有问题。"

哇！我欣喜若狂。然后，我给了自己一个警告：冷静下来。控制好自己。约会要短暂。不要像一个白痴似的喋喋不休，破坏了这个机会。

"太好了！"我说话的力度只有我内心感觉的十分之一。

想法找出一个可行的日子之后，我们就挂了电话。我一时间目瞪口呆，惊异地向后斜了斜身子。我感到双腿软得如同橡胶。

在我们第一次约会的那个夜晚，我开车去接苏珊，当她瞥见我的车子时，我看到一种不安的神色从她的脸庞上掠过。

几个月以前，我已经支付了三百美元买下了我的第一辆车，那是一辆20世纪60年代以后生产的福特美景旅行车。这个锈迹斑斑的笨家伙唯一的可取之处就是一台正常工作的发动机和变速器。我已经不得不拆下车上右前方的门板，插入一块小木板来撑着乘客窗口的玻璃。车内的地板上布满了那么多被腐蚀的斑点，使你看不清脚下的通道；一块胶合板使我不至于从车上摔出去。乙烯基制造的座椅已经破损，磨得很光滑。因为安全带在当时并不是强制性的，所有整个车上连一条也找不到。

在我的青年团体中，我们曾举行过一个"为炸弹命名"的竞赛活动，有些孩子回答时，戏称这堆废物为"神奇旅行车"。他们说，这样的东西还在跑，真是一个奇迹。

苏珊对那辆车子的反应并不使我感到惊讶。这并不是说她有着昂贵的品味；她的父亲是一名卫理公会教派的牧师。但是我这辆还能跑的老爷车看起来根本就不安全。

当我打开门请她上车，她采取了一种可以被称为"防御性约会的姿态"。她坐在那个光滑的长条座位上，转过身去，背对着乘客那边的车门，面对着我而不是挡风玻璃。

驱车前行的时候，我问，"我们去剧场是走这条街吗？"

"你错过了好几个街区，早就应该拐弯了。"

"我想也是。"

嗨，此时这里没有车辆通过，我何不来一个反向转弯？没有发出警告，我放慢了速度，掉转车头，来了一个大幅度的左后急转弯。

苏珊立即滑过座位，猛烈撞向乘客那边的门，屁股落到车内的地板上，双腿悬在空中。

这绝对不是一个非常优雅的姿势。

她恐惧万分，我也吓坏了。

我感觉就像又回到了我住过的那个小男孩宿舍，我把车停到路边，把她扶起来，不断地道歉。在我等待她说话的时候，汗水从我的额头和腋下掉下来。我担心她会对我说："永远不要再给我打电话了。"

相反，我得到了这样的回答："罗布，别为这件事担心。我们还是去看演出吧。"

我们很喜欢那部电影，但是散场后，我开车直接把她送回宿舍。我不打算再冒风险做出任何愚蠢的举动。我也没有试图用吻别祝她晚安。

令人难以置信的是，她竟然同意第二次约会。那次会面顺利得多。我们去了我的房间，聊了很长一段时间；然后我拿出我的吉他来弹奏，我们一起歌唱。

当我陪她朝着我的车走去，她停下来仰望天空，注视着美丽的繁星如何在大地的上空闪烁。我冲动地把她的身子转过来，让她面对着我； 我伸出双臂缠绕着她，把她紧紧地抱在我的怀里。

"你知道，我正好能把你全部搂住。"我说。

这听起来像一句台词，但是我们真的好像还合得来。一个短暂的亲吻之后，我把她送回了家。

我想，这次约会表明我们的关系很有发展前途。

但是我很快就发现，我的过去会使事情变得相当复杂。

我们定下了第三次约会的时间，当天下午，我下班回家，心里想着要先洗个淋浴，然后换身衣服。就在我进屋后随手关上大门的时候，我的房东太太从厨房里匆匆地赶过来。

"罗布，等一下。我有些事需要跟你谈谈。"

我刚开始上楼，转过身来从我的肩头望着她，"对不起。我和苏珊约会要迟到了。我们明天再谈可以吗？"

"不，罗布，"她坚定地说道。"我们不能拖延了。"

她的话使我马上停下来。

"我不知道如何告诉你这个消息，但是……"随着她的声音渐渐变小，她的眼睛也垂了下去。"罗布，今天早上我接到一个电话。我很遗憾。你的母亲去世了。"

我犹豫了一下。当我终于开口时，我的话里缺乏感情，我知道这位女士不会理解。

"关于我的童年，有很多事情……你不都知道，"我小心翼翼地说。"我从小在一家孤儿院里长大，而不是由我的父母抚养成人。这是一个非常复杂的故事。我保证，明天我会和你细讲。我的母亲去世了，而我没有感到很难过，请不要因为我的无动于衷而把我当成怪物。她不是一个好母亲。"

不难看出，我的房东太太被我的反应惊得目瞪口呆。显而易见，她意识到我那样说肯定有其原因，于是点点头，转身走回厨房去了。

换好衣服之后，我离开那里，前去接苏珊。我们去听一场音乐会；当我们坐在一起时，我难以控制自己，想把我母亲去世的消息告诉她。

我知道苏珊是一个很重感情的人。但是我还是不能自如放松地与她分享这个消息。

我如何向她解释，说我母亲的死不是一件什么大不了的事？我怎么可能会告诉苏珊，我母亲的死其实是一种解脱？

我知道苏珊爱她的家人。我也知道，如果她家里有任何成员刚刚去世，她不会来听演唱会。她会流泪，回到家里去悲伤。除非我告诉过她发生的一切，我怎么能解释清楚我表面上的冷淡呢？

如果我对她诉说了往事，我也不知道会发生什么事情，我还没有准备好冒这个风险。所以，我什么也没有对她说。

演唱会结束后，我对自己一直如此安静向她道歉。我问苏珊，我们能否早点结束那个晚上的约会。

"请相信我，"我向她保证说，"这与你没有任何关系。我只是觉得心情很糟糕，也不想让你痛苦。我明天会给你打电话。"

她疑惑地看着我，但还是同意了。当我回到家里，我用一些时间去思考发生的事。

乔伊斯·米切尔已经离开这个世界了。实实在在地讲，我感到松了一口气。

自从我原谅了她，我又见过她两次。不幸的是，她一直没有恢复到有足够的理智，使我能告诉她，我已经原谅了她。

她走了，我没有感到悲哀，但是也没有显得高兴。她终于从她经历了54年的苦难中获得了解脱。我不该去猜测上帝将如何判断一个患有精神病的人，但是我希望她的灵魂最终得到安息。

第二天早上，我跟吉姬通电话。我问她，我是否应该飞回芝加哥，她说："不，罗比。收容所的工作人员已经安排了一个追悼会，乔伊斯将被安葬在贫民墓地。我的身体感觉不太好，无法去参加了，她所有的老朋友很久以前就失去了联系。我打算留在这儿，在殡葬期间为她祷告。我现在能为我那可怜的女儿所做的就只有这些了。"

我很感谢吉姬，她允许我在母亲去世之时不用飞回芝加哥，我也不用在那个场合假装悲伤。

但是，即使过了几天后，我还是不知道如何与苏珊讨论这件事。

我也开始意识到一个更令人烦扰的事实：由于我的过去，我不知道应该如何与任何女性保持一种既严肃又成熟的关系。

问题讨论

1. 罗布对苏珊一见钟情，内心挣扎不已。你是否也曾因为得到不好的反馈而内心挣扎？是什么事情？

2. 苏珊和罗布的第一次约会处境尴尬，你有过类似情况吗？有的话，是什么情况？

3. 你如何看待作者对母亲去世的反应？你会如何反应？

第三十章 关系

　　我和苏珊之间的关系时冷时热。我们已经走得亲近，希望我们的感情突飞猛进；而后，我们中的一个人或者双方又会感到不安，甚至会反悔。这样的分离从未超过两三个星期。最终，我们中的一个会给对方打电话，然后我们会重新开始约会。

　　在这些陌生的领域中，我得不到成年人的指导。所有我能想到的情形都是从几部老电视节目中得来的，譬如《奥兹和哈利特历险记》，《父亲知道最好的》，以及《留给比弗》。这些节目中的配偶被塑造得完美无缺，能在半个小时内找到解决他们所有问题的方案。他们已经完成热恋、结婚以及生儿育女的艰苦工作。

　　我真想最后能得到一个像他们那样的家庭。我只是不知道如何能实现自己的理想。

　　有一天我告诉苏珊："这个夏天我计划做一次跨越全美国的狩猎式旅行；我真的不知道在我结束行程后要到什么地方去。" 我这样说的动机非常明显。

她的回答把我吓了一跳："对于我们的这种关系，我不知道是否要费心去尽力保持还是尽快了断。作为一对恋人，我们的潜力比你愿意承认的还要多。但是我不知道是否应当等你，使你对我们的事拿定主意。"

我不确定该如何回答，便换了个话题。我似乎无法解释清楚，我当然不希望事情了断，但是害怕有更多的承诺。

不知道为什么，苏珊对我容忍了足够长的时间，甚至邀请我到北卡罗来纳州的中国丛林市去看望她的家人。当时，胡须仍然是一种反叛的象征，尤其是在南方；我最近留长的胡须，再加上我不愿意谈论养家糊口的事，是我走进去拜会苏珊的父母时两个明显的不足。

她的母亲煮了美味的烧锅炖肉，还准备了捣碎的土豆、自制的浇卤、蔬菜和面包卷。对于一个只会做面包夹花生酱和果冻以及煮热狗香肠的小伙子来说，这真是一场盛宴。

我察觉到苏珊那两个十几岁的弟弟只吃了一份饭菜，我估计他们那一天一定是吃了很多零食。我对苏珊的母亲准备的饭食赞不绝口，她笑着说："请随意。如果你喜欢，多吃点。"于是，我又多吃了一些。

使我懊恼的是，我后来才从苏珊那里得知，她全家都靠她爸爸当牧师的一份不高的工资维持生计，指望焖一次肉至少能够吃两顿。当我吃完饭，剩下的菜只能填一个三明治。主菜之后，我无意中听到苏珊的妈妈低声对她说："亲爱的，你和这个男朋友交往不要太认真。你将来会没有能力供养他。"想起刚才吃饭的情景，我心里知道她为什么这样说了。

晚饭后，苏珊的父亲和我在客厅里谈论属灵的事，我不经意中听到了她的一个弟弟告诉母亲说："他看起来很聪明。但是好家伙，他真能吃！"我心里什么都明白了。

不过，我从这次引见中毫发无损地脱身了。当我和苏珊回到格林斯博罗，我们的关系似乎发展得更加平稳一些。

这也许是因为她似乎明白了我对自由的需求，尽管我从来没有向她倾诉过我的往事。她让我追求我那些不算远大的梦想，但是始终给我一个回转的动机。她就是那个动机的化身；不仅是她的天生丽质赢得了我的心，而且她内在的美丽也促使我想成为一个更好的人。

她也在其他方面向我发出挑战。她有一种询问"提炼性"问题的习惯。我买了一辆二手的小型轻便卡车，当我决定要改装发动机时，她说，"你要把大量的精力投入到这个工程中。你的目标是什么？"

"我就是想看看自己行不行，"我说。这听起来会比另外一种说法好一些："我要证明自己可以做一件'标准的、有男子汉大丈夫气概'的事情。"她提出的那些问题能帮助我慢下来，而不是终生手忙脚乱、匆匆忙忙地过日子，以此来证明自己的能力。

苏珊似乎也知道如何教化我。然而，她做得非常谨慎小心，总是想让我成为一个男子汉。

我们相遇大约五个月后，我认为时机成熟了，便决定看看苏珊能否接受我童年时代的那些细节。她的反应会告诉我，我们的约会关系是否能够更进一步。

我的心里还是很害怕。把我的往事告诉别人，仍然使我觉得颇有风险；在我的教会中，我一直不敢把我童年时代的往事告诉青年团契成员的父母们，以免他们拒绝让他们的孩子与我做朋友。

终于在一天晚上，我说："苏珊，我必须告诉你与我的过去有关的事情。我们围绕着大学的高尔夫球场漫步，边走边谈，你会介意吗？如果可以的话，我会觉得更舒服一些。"

我一边讲述，我们一边漫步，我的心脏仍在剧烈跳动。苏珊细心聆听我的故事，没有插话打断我。

当我讲完，我补充说："从此以后，如果你不想再与我约会，我也就心知肚明了。"

我们一直往前走，很长时间里谁也没说一句话。每走一步，我的心脏好像又朝着我的双脚沉下去一点儿。

苏珊终于停了下来，转过身来面对着我。"你为什么会说出那样的话来？"她用怀疑的语气问道。"为什么你会那样想，难道仅仅是因为你有一个悲惨的童年，我就不应该和你约会吗？我没有因为你所经历过的那些事而失去对你的尊重。事实上，你已经变得与你的童年大不相同了，这给我留下很深刻的印象。当然，我想继续见到你。"

我的心脏可能已经腾跃起来——即使讲述我的故事也没有使我过于筋疲力尽。"我会尽力回答你提出的任何问题，"我说，"但是你可以等到我们下一次见面吗？鼓起勇气来告诉你这件事本身就很艰难。你不知道我对你刚才的反应多么感激，但是我真的不喜欢今天再谈论更多有关的事情了。好吗？"

苏珊点点头。她默默地把我拉到她面前，紧紧抱住了我。

我简直不敢相信此刻发生的事情。我已经想象到一个被拒绝的情景，而不是眼前的这一幕。我心里想：这会是真的吗？难道我真的找到了这样一位好女人，她不管我父母的精神病和我那离奇的童年，仍然能接受我吗？

在接下来的几个星期里，为了预防她会重新考虑我们的关系，我和她保持了一定的距离，筑起了几道防备的墙壁。我不得不承认，如果她改弦易辙，我受到的伤害会远远超过我的想象。我现在心里很清楚，我还从来没有像对待苏珊那样关心过任何别的女人。

当看到我们的关系没有动摇，我惊呆了，但是又充满感激，内心还有一种恐惧的感觉。

我一直渴望与一位女性建立起亲密的关系。现在，我看起来已经找到了一位，但是心里要与不止一种恐惧作斗争。

我能透露多少心思，同时使自己看起来又不像一个怪物呢？

我可以与她分享多少事情，并设法与她一起解决，同时又不让她觉得我怪异呢?

如果这就是上帝要我娶过来的女子,我准备好走进婚姻的殿堂并恪守一生的承诺吗?

不过,我终于找到了这样一个女朋友,她不管我的过去如何,似乎深深地爱着我,这使我非常激动。也许,苏珊真的就是我梦寐以求的伴侣,她能使我开始那种"父母孩子乐融融"的幸福生活——对此我已经盼了很久很久……

我们的关系看起来就像一场不断深入的冒险。怀着热切的期盼和从经验中得出的小心谨慎,我为自己所急需的智慧和勇气祈祷,求上帝使我成为一个真正的男子汉,那样,苏珊就愿意与我终生厮守在一起。

不久,我就认识到,我离自己所希望的那种情景还相去甚远。

问题讨论

1. 作者认为:一个好女人的美丽心灵能够激励男人,让他变成更好的男人。你同意作者的说法吗?为什么?

2. 为什么有的女孩儿会因为罗布的过去而不再与他约会?你认为这样做有道理吗?

3. 罗布谈到自己过去的时候,苏珊如何回应?如果是你,你会怎样回应?

第三十一章　分别

　　1978 年的春天到来了，我时常谈起即将到来的跨越全美国的狩猎式旅行。与苏珊在一起的时候，我经常为我的小型轻便卡车装加露营设备。星期六下午的"约会"变质了，相对沉默的苏珊为我递送工具，我则激动地说个不停。

　　我的计划是花 14 个星期赶路，只有一个晚上在一家汽车旅馆住宿。剩余的时间我会露营，睡在卡车上，或者跟朋友住在一起。我把有关旅行的一切都告诉了苏珊，但是直到我踏上旅途的最后一晚，我都没有理会她所关心的事。

　　"罗布，我知道你真的想这样去做，"她说。"但是，你就不能做一些较短的旅行吗？"

　　"那可不行，"我回答说。"现在是我去旅行的完美时间。我可能永远也不会再有摆脱义务的自由了。"

　　我的话听起来不太敏感，所以我赶紧补充说，"我会回来的，苏珊。而且我只离开几个月。"

　　我试图转移话题，但是她仍在坚持。"那么，如果你在旅途中访问某个地方，并决定待在那里怎么办？"

我想，这是一个很难回答的问题。我只好说："好吧，亲爱的，我不能保证我会回来，但是你在这里，所以这真是一个好理由。"

我的这些话刚一说出口，我就知道我说得多么愚蠢。但是为时已晚。苏珊的沉默生生结束了我们所有的交流。

我开车把她送回宿舍，我抱着她，而她试图不让自己哭出来；我与她吻别，并告诉她我若有机会，一定给她打电话。她对我连看都没看一眼就走进了宿舍。

我开车离开的时候想到：你为什么要那么说？这个年轻的女子有着惊人的美丽、才华、聪明，还有虔诚的信仰，她想与我一起共筑未来。然而，我还是三心二意的。

你为什么没有跪下来，为上帝把她赐给你而感恩？你为什么犹豫不决，甚至想到可能会遇到更好的选择？

我真不知道该怎么办。

那天晚上，我的思绪剧烈翻腾，使我无法入睡。最后，我满不在乎地想道：嗯，她慢慢就习惯了。

第二天早晨，我跳进自己在车轮上的家，朝着西方驶去。在接下来的 14 个星期里，我有时开着车，有时背着背包徒步旅行，领略美国的风光，从蓝岭山脉到位于华盛顿州的奥林匹克半岛，然后再返回。在这期间，我访问了 84 岁的吉姬，在儿童之家拜访了诺拉，在罗格河上进行了为期三天的激流之旅，并且从大峡谷到俄勒冈州的火山湖，看到了许多自然奇观。

我偶尔会找到一个公用电话，与苏珊聊一会儿。当我接通电话时，因为我会很快地概述一下我的冒险故事，所以她无法插上一句话；我最后告诉她，我会很快给她打电话。

当我终于回到了北卡罗来纳州，苏珊在车道上等待着我。我再次被她的美貌惊得目瞪口呆。我用好几个小时喋喋不休地讲述了那次行程，她听得津津有味。

在我热衷于自己的想法中，认为我们的关系还在正轨上。我们只是沿着我们通常的路径前进。

然而我错了。

"你离开我四个多月，没有对我承诺你会回来，也没有保证我们会继续在一起，我仍然不知道你怎么会那样做。"她解释说，这时我终于意识到有些事情不太对头了。

嘿，我不是回来了吗？我想这样说，但是没有说出口。

"你怎么知道我会在这里等你呢？你没有要求我作出什么承诺。你只是以为我理所当然地会那么做。如果你决定回来，你还希望我能在这里对你唯命是从，听你使唤。"

我知道我最好保持沉默。

"罗布，我很高兴你回来了，而且你仍然觉得我有吸引力。但是我不知道在更好的事情发生之前，我是否只是一个备胎。"

我不禁想到：为什么女人们总是这么容易激动？

"好吧，亲爱的，我明白了，"我说。"在我上次旅行离开之前，我本来应该对你关注的问题更敏感一些。我当时一心扑在那次旅行的事上，没有意识到你对我们的感情问题存有疑虑。我真的很抱歉。请不要与我断绝关系。给我一个重建我们关系的机会吧。"

她没有告诉我叫我走开，不再烦她。但是我们的关系岌岌可危，我对此也心知肚明。

第二天，我发现我以前的房东太太有一个房间可以租给我，于是我又搬回去了。干了一些杂活之后，我于 1978 年的秋天在一家小公司找到了一个销售职位，那家公司推销一项关于现金出纳电子系统的新技术。我的老板们都很乐于助人、诚实、耐心，也是一些很好的老师。

我的销售生涯不断发展之时，苏珊处在她获得室内装潢设计学位的最后阶段。不久以后，世界将为她开启一扇大门。

我该做出一个决定了。我必须冒一次风险，请苏珊嫁给我，否则，就需要对她放手。

但是，我们二人似乎谁也没有准备好迈向那一步。有一天苏珊对我说："我不能肯定你一定需要我。"显而易见，她承认了自己的挣扎。

"苏珊，我爱你，"我向她保证，"但是我不敢肯定自己是不是对一个人产生那么大的需求感，要一起生活下去。"

"但是我必须感到别人需要我才行。"她简单地回答说。

即使想到我需要某人也会使我感到恐惧，那么我该怎么解释呢？过于依赖另一个人，会使我容易被别人控制。

如果我的成长经历教会了我什么事情，那就是保护我自己。这是我在孤儿院里很奏效的做法，但是就实现我的家庭梦想而言，这种做法看起来根本无济于事。

问题讨论

1. 苏珊对罗布的环美狩猎旅行有着自己的感受，你认为为什么罗布会对此懵懂不知呢？

2. 当苏珊和罗布处在这个关系阶段，你会如何辅导他们呢？对于苏珊必须感到别人需要她，你会如何辅导她？又会如何给罗布提建议？

第三十二章 对家庭的恐惧

害怕被控制的恐惧好像还不足以毁掉我和苏珊的关系，我发现我父母的阴影仍旧折磨着我。

如果我们结了婚，而苏珊表现出与我母亲一样的不稳定，我将如何处理？我常常这样问自己。我会勉强维系在婚姻关系中，还是选择离开？

如果我们在这些问题逐步显示出来之前有了孩子，我要离开孩子们，还是尽量争取获得法定的抚养权？我的成长伴随着家人的精神错乱，让我的孩子们也受到这种影响难道公平吗？

我知道很多夫妻女果关系变坏，就只有分开这一条路可以走，给他们的孩子的时间和关注也少得可怜。但是我向往的、一直梦寐以求的那种婚姻，却意味着毕生与一个堪称伴侣的女人一起生活——在金钱、在各种目标、在爱情和浪漫以及精神上共度一生。我永远不希望我的孩子们有一天会问："为什么爸爸要离开呢？"

但是，如果苏珊要对我隐瞒一些事情，就像我的母亲肯定对父亲所做的那样，那该怎么办？如果我受自己荷尔蒙的支配而没有看到警示标志，或者不能理性地思考该怎么办？如果她现在一切正常，但是后来变得疯狂又该怎么办？

我为摆脱这些假设性的问题努力了好几个月。然后，在一天早晨的祷告时间，我低下头，闭上眼睛，比平时坐的时间更长，在寂静中期待一个答案。就在我要放弃的时候，有一个我还完全没有准备好接受的念头进入我的脑海之中。

如果是你自己的问题该怎么办？

我挺直了腰杆，睁开眼睛。我们再一次面对事情的实质。

如果真是我的问题该怎么办？为什么我就没有考虑过，我可能会像我父母那样变得疯狂？我更可能是问题症结之所在的那个人，为什么还要专注于她的问题呢？

像往常一样，我的眼睛一直注意在别人会怎样影响我这个方面。但是我对苏珊会有什么影响？我可能会无法自理，成为她的负担，那她该怎么办？

如果真有这样的事情发生，我会希望苏珊离开我吗？如果我们那时有了孩子，我能告诉她把我们的孩子带走，从我手中拯救他们吗？

这就是从我的童年时代开始一直缠绕着我的那种问题；那次在芝加哥看完精神病医生，约翰陪我乘火车返回儿童之家，我就向他提出过："难道我注定要像我的父母那样走向疯狂吗？"

那个问题开始以另外一种形式出现。如果由于我精神或者情绪上的问题，使我完全不能自理，或者不能拥有一份稳定的工作，我该怎么办？

如果我染上综合硬化症，或者其他神经系统的疾病，使我成了残废，无法担负一名养家者、保护者、爱人和父亲的责任，我又该怎么办？

要是我已经变得弱不可支，我会希望苏珊遗弃我吗？

答案似乎显而易见：我当然不希望她离开我。但是就我来说，我可能会成为婚姻中有问题的一方，因此要真诚地面对这个现实尚需很长的时间。

在我花费了一两个星期抑制住骄傲之后，我终于能够从心底诚实地回答这些问题了：不，我当然不希望那样！我不想被人以任何原因遗弃。我去过那里，那不是任何人都能忍受的地方。

即使我真的成了一名弱者，我也希望苏珊能够支持我，使我们可以一起生死相依，共渡难关。我真的希望她能尊重自己的结婚誓言，无论是好是坏，是疾病还是健康，是富裕还是贫穷，只要我们两人都还活着，就要坚守在我身边。

如果我希望从我的妻子那里得到这些承诺，我怎么可能对自己反而提出更低的要求呢？

如果我们结婚了，我毕竟不是唯一一个愿意满怀信心来一次飞跃的人。苏珊的飞跃可能比我的更为显著。

我确定了那个最重要的问题："罗布，你准备好为这位女子负责，无论如何都会在任何方面忠实于她吗？"我知道自己应该如何回答，但是要老老实实地去做并且响亮地说出来却让我倍感挣扎。

当我想说服苏珊要设法面对我的挣扎时，她尽最大努力理解我，容忍我。一天晚上，我请她与我一起祷告，我对上帝的请求很直截了当："求你帮助我，使我相信苏珊不会抛弃我。赐给我力量，也为她负责，永远支持她。"

做了那次祷告之后，我沉浸在一种难以言传的平安之中。我终于感到自己已经准备好做出那样的承诺。

那年夏末的一个夜晚，我们躺在南方松林中的一张吊床上，我向苏珊求婚。

她没有回答。她只是那么长时间激烈地亲吻我，我都觉得自己要窒息了。

当她开始筹划婚礼，我认定这意味着她肯定的回答："是的，我愿意。"

几个星期后，苏珊还是没有告诉任何人。"你打算什么时候告诉你的父母？"我终于问道。

她伸出左手在我的面前挥舞。

"这是什么意思？"我有点恼怒地问道。

她咧开嘴笑了笑，说道："我的手指还是空空的呢！"

"嗯？"

"傻瓜，我还没有订婚戒指呢。我想先有一个戒指。"

"好吧，带我去一家商店，给我看看你喜欢哪一枚戒指。"

显然，她一直在寻找合适的戒指。当我们到达那家商店，她从陈列橱指出了几枚。最后，我问一位女售货员，能否拿给我一枚，那样我就可以看到上面的价格标签。

"苏珊，"我屏住了呼吸，对她说，"这可是上千元呀！你不是真想买，对吗？"

我不是故意要她难看，或者想伤害她。在我的一生之中，我还从来没有买过价值一千美元的东西，即使是汽车。她的情绪一瞬间就改变了，从近乎狂热到近乎厌恶。

"请带我回家。"她低声说。

我很清楚，不要再多说一句话。

我那可怜的房东太太站在一边，认真地听着我把胸中的烦恼都倾诉出来。我在地板上来回踱步，然后停下来，详细说明了戒指的费用，接着又坐下来，等待忠告。她不敢直视我的眼睛。

"罗布，你认为应该怎么做？"她轻轻地问道。

"我有选择吗？"我反问道。

她放声大笑。当她终于能够开口，说道："罗布，根本就没有选择。咬紧牙关，买下宝石。欢迎来到婚姻世界！"

我买来那枚戒指，送给苏珊。她惊讶不止，她哭了，长时间激烈地与我亲吻。

不久，我们去了北卡的中国丛林市，对她的父母宣布了我们订婚的决定。她的妈妈已经意识到了；她的父亲还没有想到。但是他一旦明白过来，就表示完全赞同。

我们在那里做客逗留期间的一个晚上，苏珊的父亲问了我一个问题。

"罗布，当你展望未来，想到自己成为一个丈夫，并有希望成为一位父亲，那么从你童年时代的角度来考虑，作为一个男人，谁是你的榜样？"

一个名单迅速出现在我的脑海里：我的表哥亚瑟；我读高中时的社会生活辅导员马文、猎人鲍勃、大男孩班的替补宿舍管理员斯沃尼、"白衬衫"戴夫、李传教士，以及非洲部落恩巴卡的达帕拉。我也情不自禁地想到那些给我生命带来美好祝福的女性：吉姬、诺拉、弗兰、亚瑟的妈妈、姑姑爱丽丝以及传教士阿莱。

最后，我回答自己的未来岳父和岳母说："我不希望这话叫人听起来抓狂，如果不中听，就请原谅我。不过，我真的觉得，对你的问题的最佳答案是耶稣。很明显，我永远都无法完全效仿他的纯洁，但是我想努力成为像他那样的男人。"

"请解释一下。"乔说。

"好吧，从我的学习中得知，他对小孩子很温柔，尊重女性，他是人们的良师益友，软弱之人的保护者，在巨大的压力之下不屈不挠，面对假冒为善和邪恶的人毫不畏惧，而且忠于上帝。他看起来就是一个很好的榜样。"

乔对我的反应思考了一会儿，然后鼓励我把刚才的话凝练为简单的话语。

"一个真正的男人，坚韧顽强而又充满柔情。"我回答说。

乔点点头。

"我想成为一个柔情铁汉，兼具两项品德：既能为我的孩子换尿布，拥抱他们，也能做举重、徒步旅行和狩猎之类的事情。"

我们交谈期间，苏珊有时悄悄从厨房溜进我和他父亲所在的房间，偷偷地嬉笑。

"你知道，"我对苏珊说，"我将成为一个丈夫和一个父亲，你将不得不耐心地对待我。我会需要别人的指导。你别以为我知道该怎么办！"

苏珊面带微笑，点点头，眼睛里闪烁着光芒，她向我保证说，这不足为奇。"不用担心，"她说，"我需要一个长期的计划！"

问题讨论

1. 罗布考虑向苏珊求婚的时候，童年回忆中的哪些恐惧浮现出来？

2. 他们的冲突与其他考虑结婚的恋人有什么相同之处？

3. 作者列出了几个人，他们影响到他对男人和父亲看法。
   有哪三个人塑造了你对什么是真正的男人和真正的女
   人的看法？他们是如何做到的？

第三十三章　圆满的结局

1979 年 11 月，我和苏珊走进芝加哥的一家敬老院，吉姬正在那里度过她最后的时光。

再有短短的几个月，我和苏珊就要结婚了。我第一次带着未婚妻来见外祖母。

几年前本来会很开心的事情，现在却变得苦乐参半，困难重重。吉姬，我力量的灯塔，这时已经 86 岁了，长期卧床不起，身体过于虚弱，无法站起来迎接我们。她的意识一会儿清楚，一会儿模糊，顽强地挣扎着坐起来说话。

圣保罗之家很干净，但是带有一种防腐剂与腐烂混合的气味。有人把我和苏珊带到这个不大的阳光房间里，敬老院的居民们通常被带到这里来，观看室外的景色。

那里有几位老人在交谈，但是他们话语不多。大多数人都在睡觉，精神萎靡地坐在轮椅上，或者靠在撑起来的米黄色和灰色的躺椅上，那些颜色与他们灰白的皮肤很吻合，令人感到一丝悲哀。

苏珊拉过来一把椅子，坐在吉姬的躺椅旁边，伸出手去，捧起她一只干瘪的手。她的双眼已经见过太多的痛苦，此时则仔细地观察我的未婚妻的脸，想看清一些细节，就是女人想知道而男人并不理解的那些东西。

吉姬温柔地微笑着，轻轻地捏着苏珊的手。我站在旁边，难过地哽咽起来，几乎说不出话来，连呼吸都感到困难。

"多年以来，我一直祈祷上帝，让我能看到罗布大学毕业，能够结婚，"吉姬低声说道。"我能见到你，心里充满感激。"

她转过身去，面对一位刚走进来的护士，自豪地宣布说，"这是罗布可爱的小媳妇。他们打算在 3 月结婚。"

我们注意到吉姬有些不知所措，不禁笑了起来。

她的眼睛闭上了一会儿，然后睁开，问道："那么，苏珊，你们打算什么时候结婚？"

"在 3 月，吉姬。我和罗布要在 3 月份结婚。"

吉姬没有看到苏珊脸颊上留下来的泪水，但是我注意到了。

我未来的妻子向外祖母寻求建议时，把声音压得很轻，问道："我究竟应当如何喂饱这个人？"

吉姬咧开嘴笑了笑，她脸上的皱纹都挪动了位置。她微弱的低声回答就像一个小女孩与她新结交的闺蜜分享一个秘密。"他喜欢火锅炖肉、土豆泥和浇卤、菠菜和香草冰淇淋，还有巧克力糖浆。"

苏珊点点头。

"不过，我必须提醒你几件事。"吉姬严肃地补充说。

我们都感到很惊讶，于是俯身向前，靠她更近一点。

"亲爱的，他是个非常可爱的男孩。但是他打起呼噜就像一条链锯！"

我们哄然大笑。她仍然保持着她的幽默感。

苏珊擦了擦眼睛，然后开始问另一个问题。但是吉姬已经回到梦乡里去了。

我们等了一小会儿，希望吉姬会醒过来，跟我们再多聊一些别的话题；这时，我的准新娘拿过来一瓶柔肤液，平滑地涂在外祖母的胳膊上。她那像纸片一样薄的皮肤迅速把柔肤液吸干了。

外婆的眼睛仍然闭着，但是嘴边露出一个微笑。"谢谢你。"吉姬温柔地说。

不久，我们意识到，她已经筋疲力尽，并且陷入了沉睡之中。我们该走了。

苏珊站起来，然后俯下身去，亲吻了吉姬的额头。我也亲吻了她，然后压我的脸靠着她的头，希望能闻到她最喜欢的香水的味道。但是，她没有喷香水。我多么希望会给她带来一瓶。

我和苏珊手挽着手，默默地走出去。事实上，她在挽着我。我仍然说不出话来。

这不是我记忆中的那位吉姬，不是我想让苏珊认识的外祖母。我没有意识到我的祖母已经处在那种状态；她在电话中听起来更为强健。

我们飞往芝加哥的一个原因就是她能有机会了解苏珊。我们没有达到这一目标，便带着遗憾离开了她；我们有一种预感，我心爱的外祖母在世的最后日子正在临近。

我们这次到伊利诺伊州来也为了办理其他一些事务。离开吉姬后，我们便乘坐公交车到西北方向的罗克福德市去。

亚瑟安排吉姬住进养老院之后，便把宝莲赠给我父母的家具所剩余的部分储存起来。具有讽刺意味的是，曾在我父亲的婚姻中引起巨大波澜的这些家具，现在将使他儿子的新家更加舒适。我们在罗克福德租了一辆卡车，装满了值一大笔钱的家居用品。

亚瑟也保存了吉姬的日用餐具和我的父母收过的一些结婚礼物，包括水晶餐具，水晶玻璃杯和高脚酒杯，还有一套美丽的古董银器。吉姬为我提供一笔遗产的愿望终于实现了。

我和苏珊把吉姬送给我们的特别礼物运回北卡罗来纳州，我们开始在那里布置一间公寓。

我们婚礼的筹划进入了紧张的阶段。我的客人名单很简单：亚特兰大的米切尔家的亲戚，几位来自北卡罗来纳的亲友；我的教会中的青年团契；一些大学教授和朋友。住在伊利诺伊州的那些年长的亲人无法长途跋涉前来参加婚礼。

苏珊的名单长多了。她的父母双方都来自数代同堂的大家庭，从她父亲现在和过去牧养的教会来的人也都包括在内。长长的名单让我看得眼花缭乱，但是对于苏珊来说却是轻而易举的事。

苏珊和她的父亲经常坐在厨房里的桌子旁边，为婚礼做周全的准备，一个细节都不放过。他们选择了经文、誓言和赞美诗。我知道我到时应该说"我愿意"，虽然简单，但是基本涵盖了我的看法。

我的一些亲戚前来帮助我们，使我深受感动。婚礼彩排后，爱丽丝姑姑和迈克姑父招待客人们在当地的乡村俱乐部用餐，并支付了全部费用；婚礼当天，从伯灵顿来的姥姥姥姥则破费招待客人们享用了一顿丰盛的早午餐。

我们的结婚典礼定在1980年3月，那是一个阳光明媚的日子。

中国丛林市的卫理公会教堂坐落在一片美丽而又温暖的树林中，镶嵌着彩色玻璃窗。伴娘们穿着枣红色礼服，伴郎们则穿着蓝色西装。苏珊的衣服是温和的白色；与其搭配，我穿着无尾半正式晚礼服。她的头发上插着白色的栀子花，与她捧着的那一大束鲜花相得益彰。

伴随着和煦的阳光，苏珊的父亲喜气洋洋地主持了婚礼。但是在最后的祝福之前，当他握住我和苏珊的手，他的表情改变了；他开始颤抖，当然，在婚礼仪式的其余部分，他都努力保持镇定自若。

苏珊在她母亲的帮助下，为我们的婚宴准备了充足的食物。300多名宾客成群结队，参加了我们的庆祝活动。

美丽的基洼岛离南卡罗来纳州海岸不远，我们在岛上度过了蜜月。然后，我们开车朝着自己的小公寓驶去。我沉浸在新婚的喜悦之中，也知道我会成为一个幸福的男子汉。

我们回到格林斯博罗刚过几个小时，电话铃声就响起来了。

"嗨，罗布，"我的表兄亚瑟说。"对不起，我在这个时候打扰你。不过，我有一些坏消息要告诉你。"

他停顿了一下；我的心一沉。

我能猜到他打电话来的原因。因为自从我和苏珊到上次到芝加哥去之后，已经过了四个月之久。那次访问以及随后经常更新的消息，已经为我将要听到的事情做好了铺垫。我示意苏珊与我一起听电话。

"上星期一，吉姬去世了。我不想在你们度蜜月的时候给你打电话，也不知道你们什么时候你会回来。所以从昨天开始，我就一直拨打这个电话号码。"

我竭力保持精力集中，问道："你能给我讲一些细节吗？"

"你们举行婚礼的当天，我和吉姬在一起。那天下午，她一直在问我，你们什么时候结婚。每次我都告诉她说：'吉姬，今天，他和苏珊就要在今天结婚。'

"当她终于明白这确实就是你们结婚的日子，她睡过去了，再也没有醒过来。我住在芝加哥，直到她去世。"

"谢谢你，亚瑟。你对她一直那么好。很遗憾，她离世的时候我没有和她在一起。"

"罗布，我知道这件事会使你多么悲痛，"亚瑟轻轻地说。"她非常爱你。医生说：她能活到这么大岁数并不是医疗的原因。当你从大学毕业时，她为你感到骄傲。但是，她仍然担心你是单身。在你结婚的那一天，她把你交到苏珊的手中。你知道，她很喜欢你的新婚妻子。"

"是的，亚瑟，我知道，"我好不容易地回答了一声，"她总是承诺，她要看到我从大学毕业，看到结婚。"

"我觉得她肯定希望自己能活下去，直到你们举行婚礼。"

我一时说不出话来。

他接着描述了吉姬的最后安排。我感谢他对我的全部恩德，特别是他对吉姬的厚爱和照顾。

当我挂了电话，苏珊注视着我，等待着我表态。

"让我们出去兜兜风。"我说着，走到门前，"你开车。"

我的新娘泪眼蒙眬，驾驶着那辆小型的大众汽车，我默默地坐在她的身边。

我双臂交叉，抱在怀里，双手塞进腋窝，我开始轻微地晃动着身子，从一边晃到另一边，很像那么多年以前我还是个小男孩的时候，那时候，我透过自己模糊朦胧的泪眼目送我的吉姬走开，我总会这样晃动。

每一次，我都想知道她是否能回来。这一次，她再也不会了。

这位简朴率直、贫穷但是虔诚的女性一直爱着我，超过爱她自己的生命。她已经把她所有的一切都给了我，现在她却走了。我再也不能在礼拜日下午给她打电话了，也不能享受她的波士顿烧锅炖肉了。我再也没有机会告诉她，我是多么爱她……事情的结局使我心碎。我们驱车大约 20 分钟，苏珊意识到我的感情马上就会爆发。她刚把车子开进一个废弃的停车场，我就爆发出痛苦的呜咽。

我的身子前后摇晃，在难以言传的极度悲伤中痛苦地呻吟。苏珊什么也没说，只是紧紧地抱着我，和我一起痛哭，也为我哭泣。

过了将近 30 分钟，我们终于筋疲力尽，倒在车的座位上，再也流不出一滴眼泪。然后，上帝托苏珊把我带到一个我一直梦寐以求的地方：家。

问题讨论

1. 苏珊和罗布去老人之家看吉姬，你的感受如何？你认为作者和外祖母的关系如何？

2. 吉姬一直以来都在祈祷的两件事是什么？

3. 本章最后，为什么罗布会双臂交叉，抱在怀里，双手塞进腋窝，轻微地晃动着身子，从一边晃到另一边？这次与他小时候有什么不同？

4. 读到这个故事的结尾，你的感受如何？你认为上帝如何帮助作者找到梦寐以求的家？

尾 声

吉姬去世 20 年后，我在阁楼上清理一些旧箱子。我发现了她的一本螺旋装订的小日记本，读到下面的记录：

亲爱的罗比：

你是我的宝贝外孙。我希望你能长大成人，在身体、精神和智力方面都很强健；希望你会成为一个优秀的公民，足够强壮，有能力保护你所相信的一切。

你要让爱永驻心中——你将永远拥有我的爱。

你的外祖母吉姬

我还发现了这一段日记，简要地描述了当年母亲绑架我的情景：

1962 年的圣诞节和 1963 年的头一个月，对于我和罗比来说都是不愉快的；但是到了 1963 年的夏天，我们终于可以控制事情的进展了。

　　吉姬为我的未来所做的祷告，以及她处理我生命中出现的混乱时所采用的切合实际的方式，对于解释我今天的境地都大有裨益。

　　我见证了收留我的孤儿院的存亡。2005 年冬天，那家"盟约儿童之家"被推倒了。那个曾经收养过那么多弃儿的地方已经不存在了。

　　幸运的是，我住在一个永远不会被拆毁的家里——我与天父在那里有着亲密的关系。而且，我期待着另一个永恒的家。正如《圣经》中《哥林多后书》5 章 1 节所说："我们原知道，我们这地上的帐棚若拆毁了，必得上帝所造，不是人手所造，在天上永存的房屋。"

　　最近，我和苏珊庆祝了婚姻 26 周年纪念日。我们结婚后，她做了 22 年的家庭主妇。然后，她开始攻读神学硕士学位。像大多数夫妻一样，我们既有奇妙的满足的时期，也有面临巨大压力的阶段。我很高兴宣布，我们仍然彼此相爱，而且这种爱仍然不断地激励着她。

　　我们有两个可爱的孩子。艾丽西亚完成了三年的大学学习，主修基督教教育，以优异成绩毕业。她嫁给了一个名叫乍得的优秀青年，他正准备到法学院深造。

　　我在写这个故事的时候，我们的儿子路加已经 19 岁了。他在学习音乐制作，他尤美的声音使他获得了奖学金，他希望以后运用他的声乐天赋和演奏多种乐器的能力，在基督教宣教机构服侍。

当艾丽西亚和路加长到一定年龄，变得足够成熟，我们与他们分享了我童年故事的一些片段。我们也曾带他们到普林斯顿去参观那个儿童之家。他们永远也不用再走我经历过的道路，我为这样的事实感到庆幸。

我和苏珊也为我们的孩子们庆幸，因为他们选择了自己父母奉行的信仰，而且完全而又真诚地按照真道生活。

1985 年，我成为一名财务顾问。我的业务既带来过成功，也遭受过失败，2002 年，这个行业的一家主要杂志正式认可我是美国优秀的经纪人之一。

我一直对儿童之家的园丁托尼·马丁恪守我的诺言，从未忘记他说的那个"小人物"。我的许多客户都很富有，但是我仍然没有拒绝那些"小本经营"的投资者。

1983 年，我和苏珊结婚三年之后，我的父亲去世了。葬礼只有直系亲属参加；他的下葬仪式在一个寒冷、潮湿、多风的日子举行，到场的有爱丽丝姑妈、迈克姑父、他们的三个孩子，还有我父亲的几个表亲。

我参加了封闭灵柩的仪式，所以我父亲年轻时的照片仍然是他留在我脑海中的唯一画面。我们仍然使用他留下的那些曾经给他造成巨大痛苦的家具，还有那些水晶制品、瓷器以及金银餐具。

我与很多我从前认识的人保持着联系。迈克姑父和我所有的叔爷爷们都已经去世，但是在我撰写这个故事的时候，我访问过爱丽丝姑姑和小迈克，并与他们交谈。亚瑟仍然住在罗克福德。

每一年，我都与诺拉联系几次，她后来退休了，直到晚年才结婚。保罗，我在儿童之家住在一起的"囚犯"，就像我的兄弟一样。我还与马文、戴夫和斯沃尼以及我那些传教士朋友保持着联系。最近，我恢复了与我在儿童之家时的社会生活辅导员约翰的联系，但是遗憾的是，我与我的非洲朋友达帕拉失去了一切联系。

人们听了我的故事片段之后，通常都会问我："你是怎么生存下来的？又是怎样成为今天这样一个人？"

对这些问题的答案是复杂的，但是基本事实就是：我不能改变强加在我身上的事件和境况，但是我可以选择如何应对。在我看来，看一个人，不仅要看他怎样行动，也要看他如何反应。

社交界的人说，我只是一个来自孤儿院的孩子，也许注定了一生都会毫无意义地漂流、早逝，或者被投进监狱。遗传学暗示我可能会遭受我父母经历过的痛苦。对于我是谁以及我要成为怎样的人，我选择了改变自己原先的意象。我一度很在意成年人对我的影响，但是最终我必须反过来影响他们，而且要向上仰望，信靠上帝。

当我伸手祈求上帝，期盼不分种族、语言或者文化，人人都能得到希望，我才知道，不论我对自己所做的还是别人做在我身上的，不论是虐待还是冷漠，不论是已经发生的还是将要发生的，包括死亡，都不能叫我与上帝的爱隔绝。这种爱帮助我学会饶恕，使我从自己痛苦的过去中得到释放，正如这爱已经帮助许许多多的人宽恕他人，找到自由一样。

我分享这个故事的目的，不仅仅是为其他被遗弃的孩子们带来希望。这也是要提醒你，你要关注自己的生命。

你总会有这样的盼望：你会找到一个家，你在那里不是客人。我真诚地相信，通过选择与上帝建立密切的个人关系，并且与那些同样选择了这样一种关系的人成为契友知交，就会找到这样的家。

对于我来说，寻找这样一个家的努力是从一个简单的、真诚的祷告开始的：耶稣，如果你是真实的，就请你走进我的梦魇。饶恕我的罪，改变我的生命。

当你面对你过去的问题，处理你目前面对的现实问题，展望你的未来，愿你充满希望，找到正确的答案。从前大数城的那位扫罗，后来成为著名的使徒保罗，他说得多么好啊：

"弟兄们，我不是以为自己已经得着了，我只有一件事，就是忘记背后，努力面前的"（《腓立比书》3:13）。

愿你所做出的选择能使我们一起诵读这段美好的经文，与保罗一起深情呼唤……

问题讨论

1. 本书开始引用了布克·华盛顿的话："造就人的是品格，而不是境遇。"尾声中包括罗布的一句评论："看一个人不仅要看他怎样行动，也要看他如何反应。" 这两种说法有什么相同之处？对此你认同还是反对？

2. 读完这个故事，你认为对于一个经历过伤害的人，最好的医治是什么？你希望遵行本书中的哪个原则？

对教育工作者的简短寄语

社会和周围环境鼓励教师们，在教导时要融合各种声音和文化，使之成为他们课程的一部分。本书作者曾经是美国一家孤儿院里最后一批"无期徒刑犯人"之一，这个一度被遗弃的孩子发出的真实声音，可能有资格成为一种不同的声音和不同的文化。

一位有 25 年教龄的经验丰富的高中英语教师，曾安排她教的十二年级的七个学生阅读这本书的初稿，这里就是她关于这个故事有感而发所说的一番话：

"这是当代文学中一部令人惊异的作品，它探讨了孤独、拒绝、愤怒、痛苦这些普世性的主题，表达了饶恕的需要。对此，我的学生们作出了广泛而又不同的反应，特别是一些男生，他们非常诚实地作出回应，并努力与他人分享这部作品，使我感到惊讶。"

这些高中生读了初稿之后，表达了以下观点：

"捧起来就无法放下。你那些开放式问题确实引起我的深思。"

"许多章节的结尾都富有戏剧性的悬念，引人入胜。我经历过和你一样的挣扎，很喜欢你与自己未来妻子的浪漫爱情故事，联想到我在与女孩子们交往方面的愚蠢举止，情不自禁地高声大笑。"

　　"这不只是对像你这样的孩子寄予希望，但是对我们所有的人。"

　　"这是一个令人难以置信的故事，一种令人惊异的神奇冒险。"

　　"很新颖。"

　　"真的很喜欢你能引领我进入你的脑海，能和你一起努力原谅别人，使我充满感激，事实上，你也没有避重就轻，让本来不容易的事情显得简单。"

　　如果你是一位讲授英语、文学、社会学、心理学或者青少年司法的教育工作者，我希望你能考虑使用这个真实的故事，作为一个课外选读作业。我与你们共同努力，相互支持，尽力帮助学生们实现理想，让他们成为最好的学生。

　　　　　　　　　　　　　　　　　　　　罗布·米切尔

"家"与"希望"的颂歌

——《弃儿》译后记

从浩瀚的太空观望地球，这个蓝色的星体就是人类生息繁衍的美好家园。《希伯来书》的作者把人类的心灵视野引回太空，启迪他们盼望一个"更美的家乡"。充满深刻哲理和浓郁神学色彩的"灵性文学"或者"启示文学"就在那个时代应运而生。单从文学的文本历史看，《路加福音》第15章中著名的"浪子回头"故事，无疑是对"回归心灵之家"这一主题最早而且最深刻的阐发。据说这则区区三百字的故事是人类文学史上最早且名副其实的"短篇小说"。小儿子不顾宗族律法的规定，在父亲还健在的时候就要求与唯一的兄长分家。宽宏大量的父亲把产业分给他一份，他就带着暂时拥有的一切到远方去闯荡。在外面的世界，他恣意放荡、浪费资财、挥霍青春，最后沦落到衣不蔽体、食不果腹的地步，甚至与猪争食。后来他终于醒悟过来，返回家园，投入慈父的怀抱，忏悔认罪，得到了饶恕和接纳，父亲因他"死而复活、失而又得"，欢喜快乐之情胜于言表。

正因为"家"是充满温暖和亲情、使人安定和安心的所在，"家"和"归家"成为历代文学家们青睐的重大主题之一。《简·爱》、《雾都孤儿》和《乱世佳人》等文学名著中，"我想有个家"和"我想回家"的理想与残酷现实的冲突，无疑使作品深深地吸引读者。主人公由于阴差阳错而背井离乡、栉风沐雨，颠沛流离在千里之外时对家的温馨回忆和回家的热切渴望，人们无家可归时的失落和悲哀以及重归父母怀抱时的感慨和幸福，都是催人泪下、揪住人心的场景。

罗布·米切尔先生在孤儿院长大成人，后来历尽艰辛，成家立业，功成名就。从90年代初开始，他历时十余载，写成了这部感天动地、动人心弦的《弃儿》。这个见证式故事既有上述作品中永恒主题的影子，也有主人公在当代美国物质社会中寻找心灵家园的独特分量。有论者认为这部作品是不可多得的反映孤儿生活和心路历程的美国当代文学名作，堪称"雾都孤儿"的美国版。

由于家庭悲剧和复杂的社会及心理原因，小主人公罗比三岁时就被送到孤儿院。他幼小的心灵充满对家的渴望，然而即使是富有的亲人们都不愿收养他。他经历了无数的挫折，伤痕累累，就在他感到绝望之际，他从《圣经》的亮光中，从虔诚的祷告中，听到了上帝的呼唤："叫我父亲吧。以我为家……"

从此，他不再只是一个从孤儿院出来的孩子了，他被上帝的大家庭所收养，成为属于上帝的世界大家庭中的一员。上帝也以无比的慈爱和丰盛的恩典，赐给他一个美好温暖的家庭——美丽善良的妻子和两个可爱的孩子，他们也都成为上帝大家庭中良善而忠心的仆人。

这部带有"自传"性质和剖示内心世界的作品，不仅为我们讲述了一个令人难以置信的故事，而且带领我们和作者一同体验一种令人惊异的神奇冒险。作者以悲悯的情怀和传播希望的使命感，把自己对家的渴望和寻寻觅觅的亲身经历娓娓道来，主人公找到家之前与社会格格不入的孤独、被遗弃的痛苦、被拒绝的恐惧和悲愤，都生动细腻地刻画出来。凭着对基督的坚定信仰，作者详细描述了自己的心灵创伤被上帝大能的手抚平之后，对于那些给他造成诸般不幸的人们的饶恕过程，真实贴切而又催人泪下。无数细节的真实描绘和大量口语、俚语的运用，使主人公小罗比和青年罗布自强不息的形象、外祖母吉姬、母亲乔伊斯、盟约儿童之家的老师诺拉和辅导员鲍勃等人物形象都栩栩如生，令读者过目不忘。

本书由33章和一个尾声构成，时间跨度近30年，空间则从芝加哥到亚特兰大、从伊利诺伊到北卡罗来纳、从美国到非洲，延伸到大半个地球；内容则涉及社会学、心理学、教育学、医学、文学、艺术和法律等诸多方面。作者以娴熟的文学手法，把这些复杂的元素联结为一个文学整体。值得称赞的是，作者借鉴了古典文学的叙事技巧，在几乎每个章节的结尾都留下富有戏剧性的悬念，引人入胜。

"心灵之家"与"希望"是《弃儿》着重表现的主题。这部作品无疑是一部讴歌"心灵家园"的交响乐，一只传递"希望之光"的火炬。在作者心目中，"家"是孤儿的归宿和心灵的港湾，只有在那里才能使心灵的创伤得到完全的医治，才能得到真正的幸福、满足和平安。因此，他把这部作品不仅"献给那些伤害过自己或者被别人的虐待和冷漠伤害过的孤独者，也献给那些致力于传播希望且不住祈祷的人"。他通过本书表达了自己的坚定信念和美好理想："不分种族、语言或者文化，人人都能得到希望"，"不论我对自己所做的还是别人做在我身上的，不论是虐待还是冷漠，不论是已经发生的还是将要发生的，包括死亡，都不能叫我与上帝的爱隔绝；这种爱帮助我学会饶恕，使我从自己痛苦的过去中得到释放，正如那种爱已经帮助许许多多的人宽恕他人，找到自由一样"。

米切尔先生在本书中对"家"的热切渴望和百折不挠的寻求，以及对"希望"的热情传播，在我的内心引起强烈共鸣。作者尽情讴歌的"家"和"希望"也唤起了我对未来更新、更美好的憧憬。我每翻译完一章，都会先请我的妻子阅读并及时纠正她所发现的错误。我们俩曾经多次潸然泪下，激动不已，同时对我们自己的家充满感恩。我的小孙女在阅读英文原版时，也被主人公的经历所吸引，从中得到许多启迪。

　　这是《弃儿》的第一个中文译本。我是在繁忙的工作之余承担这项翻译任务的。我深知由于各方面水平和能力的限制，译文还会存在诸多不足。我衷心感谢原书作者罗布·米切尔先生耐心、及时地帮助我明白一些疑难句子，感谢大卫·道罗夫（David Dorrough）先生热情向我推荐这部著作，感谢王培洁女士对书稿的精心编辑修订（她还顺便翻译了每章后面的思考讨论题）。我要衷心感谢我的妻子朱婷女士，我翻译每一部作品都离不开她无微不至的照顾、关爱、鼓励和协助。是她凭着对基督的爱和信心为我营造了家的温馨，是她总是让我们的家洋溢着欢乐，还是她，在我疲惫和遇到挫折的时候给我安慰和希望……

　　"你总会有这样的盼望：你会找到一个家，你在那里不是客人。我真诚地相信，通过选择与上帝建立密切的个人关系，并且与那些同样选择了这样一种关系的人成为契友知交，就会找到这样的家。"亲爱的读者，我愿以《弃儿》中的这段话与您共勉！

王汉川

2015 年 12 月 25 日初稿

2016 年 1 月 16 日修订

296

主要译名及人物关系

按名称音序排列

Adams，亚当斯，火车站

Akula，阿库拉，一个河沿村庄

Alene，艾琳，传教士李·安德森的妻子

Alice，爱丽丝，罗比的姑姑

Alicia，艾丽西亚，罗布和苏珊的女儿

Allen Mental Hospital in Georgia，乔治亚州艾伦精神病院

American safari 跨越全美国的狩猎式旅行

Anna，安娜，斯沃尼的妻子

Anne of Green Gables，绿山墙的安妮，一本故事书的女主人公

Annette，安妮特，大卫的女朋友

Annis，安妮丝，阿诺德的妻子

Arnold，阿诺德，罗比祖父米切尔的一位弟弟，后来成为罗比的法定监护人

Art，亚瑟，弗兰的儿子

Audy Home，奥迪之家

Aunt Alice, 爱丽丝，主人公罗比的姑姑

Bangui，班吉，中非共和国的首都

Belmont, 贝尔蒙特，火车站

Betsie， 贝丝，彭柯莉的妹妹

Billy Graham，葛培理

Blue Ridge Mountains， 蓝岭山脉

Bob Mitchell， 鲍勃·米切尔，罗比的祖父

Bob，鲍勃，社工（社会生活辅导员）

Booker T Washington，布克·华盛顿美国著名政治家、教育家
和作家。

Boston Celtics，波士顿凯尔特篮球队

Boundary Waters，边界水域泛舟区，位于明尼苏达州

Bryn Mawr El stop，布林莫尔火车站

Buckhead section of Atlanta, 亚特兰大巴克海特区

C. S. Lewis， C·S·刘易斯，《返璞归真》的作者

California Zephyr 加利福尼亚西风号火车

Capital City Club， 亚特兰大首府俱乐部

Carlson's death，保罗·卡尔森，传教士

Castle Rock，岩石城堡

Chad，乍得，罗布和苏珊的女婿

China Grove, North Carolina， 北卡罗来纳州的中国丛林市

Confirmation class，坚信礼课程

Corrie ten Boom，彭柯莉，著名基督徒作家

Covenant Children's Home，盟约儿童之家

Covenant Harbor，圣约海湾教会露营地

Covenant World Missions，圣约世界宣道会

Dan，丹，运送燃料的短期经理人

Dapala，达帕拉，非洲部落恩巴卡基督徒

Dave，戴夫，罗比读高三时的忘年交

David，大卫，罗布的朋友

Douglas Elementary，道格拉斯小学

Elgin State Mental Hospital，埃尔金州立精神病医院

Elm Street，榆树大街

Euclid Street，欧几里德大街

Father Knows Best，《父亲知道最好的》，美国 20 世纪 50-60
年代电视系列剧，又作《妙爸爸》

Ford Fairlane station wagon，福特美景旅行车

Fran，弗兰，吉姬大哥的女儿

Gemena，格梅纳，即刚果（扎伊尔）城市乌班吉

Gigi，吉姬，罗比的外祖母

Goon，蠢货，罗比的高中校友

Grand Canyon，大峡谷

Grandfather Mitchell，米切尔爷爷，罗比的祖父

Greensboro, North Carolina, 北卡罗来纳州的格林斯博罗

group homes, 团体自理之家

Guilford College in Greensboro, North Carolina, 吉尔佛大学, 美国著名高等院校, 位于北卡罗来纳州格林斯博罗

halfway house, 过渡教习所

Hampton Normal and Agricultural Institute, 汉普顿师范和农业学院

Hampton University, 汉普顿大学

Homies, 儿童之家的孩子们

Howard Street, 霍华德大街

Iron River, 铁溪 (位于密歇根州北部的狩猎区)

Jim, 吉姆, 大男孩班的宿舍管理员

Joe, 乔, 罗布的岳父

John Smith, 约翰·史密斯, 罗比读高中时的篮球教练

Joyce Mitchell, 乔伊斯·米切尔, 罗比的母亲

junior year, 高中三年级学生

Kafkaesque, 卡夫卡式的梦魇

Lake Geneva, Wisconsin, 威斯康星州日内瓦湖

Leave It to Beaver, 《留给比弗》, 美国 20 世纪 50-60 年代电视系列剧, 又作《反斗小勇士》

Lee Anderson 李·安德森, 传教士

Lingala, 林加拉语

Little Red Riding Hood，小红帽

Lloyd Free，劳埃德·弗雷，罗布在大学篮球队遇到的球员

Loop in downtown Chicago，芝加哥闹市区

Lord of the Flies，《蝇王》，美国惊险影片，又译作《童年无悔》

Lucille，露西尔，罗比姑姑家的专职女厨师

Luke，路加，罗布和苏珊的儿子

M. L. Carr，M·L·凯尔，罗布在大学篮球队遇到的第一个球员

Mack Jr.，小迈克，主人公罗比的堂弟

Mack，迈克，主人公罗比的姑父

Marshall Field 马歇尔·菲尔德市

Mental health advocates，心理健康提倡者

Mere Christianity，《返璞归真》，又译《如此基督教》

Missionary Aviation Fellowship，航空宣教使团

Mitchell Motors Oldsmobile and Rolls-Royce，米切尔奥兹莫比尔和劳斯莱斯汽车

Mouth，臭嘴，罗比的高中校友

NAIA（National Association of Intercollegiate Athletes），美国全国大学校际运动员协会

Nairobi, Kenya，肯尼亚的内罗毕

National Basketball Association，美国国家篮球协会

new me，新我

new self，新我，新的自我

Ngorongor Crater 恩戈罗恩戈罗火山口

Nola，诺拉，"盟约儿童之家"老师

old me，老我

old self，老我，旧的自我

Oliver Twist，奥利弗·特韦斯特，小说《雾都孤儿》的主人公

Oliver Twist，狄更斯的小说《雾都孤儿》

Olympic Peninsula in Washington State，位于华盛顿州的奥林匹克半岛

Oregon's Crater Lake，俄勒冈州的火山湖

Ozzie & Harriet，《奥兹和哈利特历险记》，美国 20 世纪 50-60 年代电视系列剧

Pacific Garden Mission，太平洋花园布道团

Palmer House Hotel，帕尔默家园酒店

Paul，保罗（弗兰的儿子）

Paul，保罗，罗比在儿童之家的伙伴和知己

Pauline，宝莲，罗比的奶奶

Peggy，佩吉，儿童之间的女孩

Phyllis，菲利斯，安妮特的朋友

pickup truck，小型轻便卡车

Pistol Pete Maravich，皮特·马拉维奇（1947-1988），绰号"手枪"，美国著名篮球运动员，罗比的偶像

Princeton, Illinois，伊利诺伊州普林斯顿市

Pygmies in the Ituri forest，伊图里森林中的俾格米人

Quaker，教友派信徒（贵格会会员）

Quincy，昆西站

Ralph and Jack，拉尔夫和杰克（电影《蝇王》中的主人公）

Ravensbruck concentration camp，拉文斯布吕克集中营

Red Line elevated train，红线高架列车

Ridge Boulevard，山脉大道

Rob，罗布，本书主人公上大学后的新名字

Robby，罗比，本书主人公

Robert，罗比的父亲

Rockford, Illinois，伊利诺伊州罗克福德市

Rogue River，罗格河

Row-bear，罗熊，恩卡巴语对主人公罗布的称呼

Salvador Dali，萨尔瓦多·达利

Scott，斯科特，罗比在教会夏令营认识的朋友

senior year，高中毕业班学生

Serengeti，塞伦盖蒂

social workers 社会生活辅导员

St. Paul's House 圣保罗之家，芝加哥的一家敬老院

Susan，牧师的女儿，罗布的妻子

Swaney，斯沃尼，大男孩班的替补宿舍管理员

The African Queen, 电影《非洲皇后》

the Central African Republic, 中非共和国

The Frango chocolate, 芝加哥（弗兰果）薄荷巧克力

The junior high, 初中

The senior high, 高中

the state of Illinois, 伊利诺伊州

Tony Martin, 托尼·马丁, 儿童之家的园丁和勤杂工

Townies, 城里的恶少

Trailways, 铁路沿线巴士公司

Ubangui, 乌班吉, 即刚果（扎伊尔）的城市格梅纳

Uncle Arnol, 阿诺德叔爷爷

Uncle Bill, 叔爷爷比尔

Uncle Howard, 叔爷爷何华德

Uncle Tom, 叔爷爷汤姆

Uncle Warren, 沃伦伯爷爷

Union Station, 联合车站

Up From Slavery, 《超越奴役》, 布克·华盛顿的自传

Walnut Room, 胡桃木屋餐厅

white shirt, "白衬衫", "社会生活辅导员"的绰号

World B. Free, 沃德·B·弗雷, 劳埃德·弗雷后来改称的名字

Zaire (Congo), 扎伊尔（刚果）

作者简介

米切尔先兰是一为成功的实业家，也是一位全美范围内知名的财务顾问，现为美国一家主要经纪公司负责投资的资深副总裁。

米切尔于1980年与苏珊结为夫妻，一直互敬互爱，忠贞不渝。苏珊做了22年的家庭主妇，后来攻读神学硕士学位，现在已经成为一名牧师。

他们的两个孩子都已成年。女儿艾丽西亚有一个四岁的儿子和一个六个月的女儿，她的丈夫是一家律师事务所的合伙人。儿子路加曾患白血病，现已康复，他于2006年结婚，现在是一家教会的助理牧师。他的妻子是一位助理教师，教移民子女学习英文。

译者简介

  王汉川博士 1950 年春出生于山东省日照农村。1968 年夏高中毕业后回乡务农; 1969 年春参军, 在解放军空军服役 8 年, 历任化验员、放映员、警卫班长和化验技师。1977 年夏复员回乡, 1981 年在山东大学中文系获文学学士学位。1982 年春考入中国艺术研究院研究生部电影系, 师从李少白教授, 1984 冬年获硕士学位。1991 年秋赴美国俄亥俄大学艺术学院比较艺术系留学, 师从比较艺术学创始人沃特曼教授, 1996 年夏获博士学位。

  编导作品含 52 集电视系列片《电影艺术欣赏》, 电视专题片《银屏喜剧掠影》等; 参与主编的图书含《中外影视名作词典》、《宗教与文化》、《基督教文化视野中的欧美文学》和《生命树书系》; 译注作品有《天路历程》、《稳行高处》、《创世之光》、《生命之光》、《自由与律法之光》、《直奔永恒》、《保罗书信》、《〈四福音书〉鉴赏大全》、《谁可以这样爱我》和《香草山》等。

  王汉川曾任国内外电视台特邀编导、高等院校特聘教授和研究生导师、汉诺威传媒书院院长，现为专职文化传播工作者，主要从事经典作品的翻译介绍与影视制作和教学。